京料理人、四百四十年の手間

「山ばな　平八茶屋」の仕事

創業天正年間
平八茶屋

園部平八

京料理人、四百四十年の手間

「山ばな　平八茶屋」の仕事

岩波書店

まえがき

私は毎朝、目覚めると、高野川《たかのがわ》の流れを見るのが日課になっています。音もなく静かに流れる快晴の日の朝、雨で水かさが増し、激しく流れる雨天の日の朝など、私はこの川の流れとともに育ち、仕事をし、そして現在に至りました。

この高野川はその後、出町柳《でまちやなぎ》にかかる賀茂大橋《かもおおはし》で賀茂川《かもがわ》と合流し鴨川《かもがわ》になります。この川の近く、旧鯖街道《さばかいどう》沿いに、平八茶屋《へいはちぢゃや》は天正四(一五七六)年に創業しました。洛北の自然に囲まれ、「街道茶屋」として発祥したのです。以来四百四十年、平八茶屋はこの地で商いを続けてきました。

初代平八は、京を出る旅人に麦飯とろろ汁を出し、旅の安全を祈願しました。また、京に入る旅人に、一服のお茶を出し、旅の疲れを癒しました。創業当時の初代の心は四百四十年もの間、父から子へと代々継承されてきました。それぞれの当代がその時代に合わせて残すもの、変えていくものを判断し、変わらぬ平八茶屋をいまに残したのでした。

この茶屋は夏目漱石、徳冨蘆花《とくとみろか》、北大路魯山人《きたおおじろさんじん》など、多くの文化人に愛され、小説に書かれて、また壬生《みぶ》狂言では「洛北山鼻といえば平八、平八といえば山鼻」と演じられました。

私は二十代目の当主になります。代々の当主は、「平八」を襲名し、必ず自らが修業を積み、調理場に入ります。「一子相伝」を貫いているのです。

この茶屋の名物は「麦飯とろろ汁」で、この伝承料理は創業以来の名物です。私たちの料理の根幹をなしています。この名物の麦飯とろろ汁の他に、「若狭懐石《わかさかいせき》」というぐじ(甘鯛《あまだい》)料理、鯉《こい》や鮎《あゆ》といった「川魚懐石」、丹波《たんば》の野生の猪《しし》の「ぼたん鍋」などを、お客様にお出ししています。

代々の当主がそうであったように、私の人生もまた精進の人生でした。料理人として技を極め、料理人としての心を鍛えた日々でした。料理とは「手間の文化」の一つです。修業とは手間を学ぶことであり、精進によってさらに進化させてきました。

日本人はこれまで農民、工芸などの職人、芸能を行う芸人など、「修業」を通じて仕事を覚え、〈精進の道〉を突き進む人生を大切にしてきました。しかし、この生き方は、現代では多様な選択肢の一つにすぎなくなりました。精進の人生はそれらの中でも厳しい生き方ではありますが、とても魅力的な生き方でもあると思っています。私は、この生き方の魅力を、京料理のお話を通じて、読者の方にお伝えしたいと思っています。

加えて、商いとしての「家業」の大切さも伝えたいと思いました。平八茶屋は家業であったからこそ、潰れることなく四百四十年続いてきました。当主が料理の腕をしっかりと磨くことさえ

高野川　　写真:永野一晃

できていれば、そして家族の一致団結があれば、家業が絶えることはありません。

私は、「守る」という発想自体がすでに衰退だと思っています。「暖簾《のれん》を守る」という言い方を、私は決してしません。暖簾は革新しながら継承していかなければ続かないものです。時代に合わせて、業態も変えて、料理も同じものだけを提供し続けているわけではありません。

十五代から先代までは川魚料理だけを出していましたが、私は若狭の魚を使ったぐじ料理を「若狭懐石」として復活させました。私は地産地消にこだわり、日本海で獲れるひと塩の若狭ぐじと地元で取れる京野菜を中心に使い、京料理の素材を味わうことを料理の基本に考えています。そして、「時代に迎合しないで時代に必要とされる料理」を追求しつつ、現在に至っています。


本書ではこうした私の考え方を、京料理を通してお話ししました。しかし、この考え方は私だけのものではありません。京都で代々商いを続けてきた方ならば、誰もが考えていることだと思います。

この生き方の姿勢こそ、本来の日本人が持つ「強み」と「優しさ」であり、世界に貢献できる考え方ではないかと思います。京都は、古さが現在の生活の中で息づいている町です。この古さを大切にすることで、新たな一歩が生まれると思います。

最後に、本書の出版にあたり、そのきっかけをつくってくれた次男・貴弘にお礼を述べたい。

そして、ご協力とご助言をいただいた岩波書店の山本慎一さん、有限会社アトミックの鮫島敦さんに心より感謝を申し上げます。

本日の高野川は、ゆるやかに、ゆるやかに流れています。まるで、いまの私の心のようです。

二〇一八年十二月暮れ

平八茶屋

二十代当主 園部平八

目次

まえがき

本扉写真＝鈴木健太
編集協力＝有限会社アトミック（鮫島敦）

二十代当主，園部平八夫妻　　写真：永野一晃

序章

四百四十年の商魂

わずか六年で焼失した天下城、四百四十年続く京の茶屋

平八茶屋の創業は、天正四(一五七六)年にさかのぼります。歴史年表をひもときますと、織田信長が琵琶湖の畔《ほとり》に安土城の築城を始めた年にあたります。信長による天下統一が確実に見えてきた時期でした。

信長が安土の地に城を築こうとしたのは、その前年五月に徳川家康とともに、長篠《ながしの》の戦いで宿敵・武田勝頼が率いる武田軍を撃破したことが大きく影響していました。

安土城の築城によって、信長は京まで半日の行軍で向かうことができるようになり、京都の治安は格段によくなったと言います。その影響もあり、私の先祖も、京の外れに茶屋を開業したのでしょう。「平八茶屋」創業は、信長の天下布武の賜物《たまもの》だったのです。

しかし、安土城と平八茶屋は長く同じ歩みを進めることはありませんでした。築城開始から六年後の天正十(一五八二)年に明智光秀による本能寺の変で信長が没すると、まもなくして安土城の天主《てんしゅ》(天守)は焼失し、その後廃城になりました。天下人の城の運命は短いものでした。

一方、平八茶屋は名もなき庶民である私の先祖たちが営々と商いを続けて、現在まで四百四十

年の歴史を重ねています。

平八茶屋の始まりについてお話しします。古くから京の都に入るには、七口《ななくち》と呼ばれる七つの入り口(鞍馬口、大原口、荒神口、三条口、伏見口、竹田口、鳥羽口など。諸説あり)がありました。平八茶屋はその七口の一つ、大原口から一里、約四キロの山端《やまばな》にありました。いまでも寺町今出川には大原口の道標が残っています。

創業時の平八茶屋は「茶屋」ですから、立派な建物でなく庵《いおり》のような建物だったと思います。時代劇によく登場する、おじいさんとおばあさんが「団子どうです」「お茶菓子どうです」と声がけしているようなイメージの茶屋で商いをしていたことでしょう。

大原口を通り、出町柳から越前国(現・福井県)小浜《おばま》へ向かう十八里(約七十キロ)の道のりが「若狭街道《さかいどう》」です。またの名を、「鯖街道」と言われていました。

創業時も、現在もずっと変わらずに、平八茶屋は鯖街道の通り沿いにあります。平八茶屋の山門をくぐると、うっそうとした緑の木々に囲まれた数寄屋《すきや》造りの食事処が見えてきます。その奥には高野川が流れていて、幽玄な雰囲気に包まれている空間です。

この山門は「騎牛門《きぎゅうもん》」と呼ばれ、他から移築されたもので、平八茶屋十八代当主、私の祖父の

七口

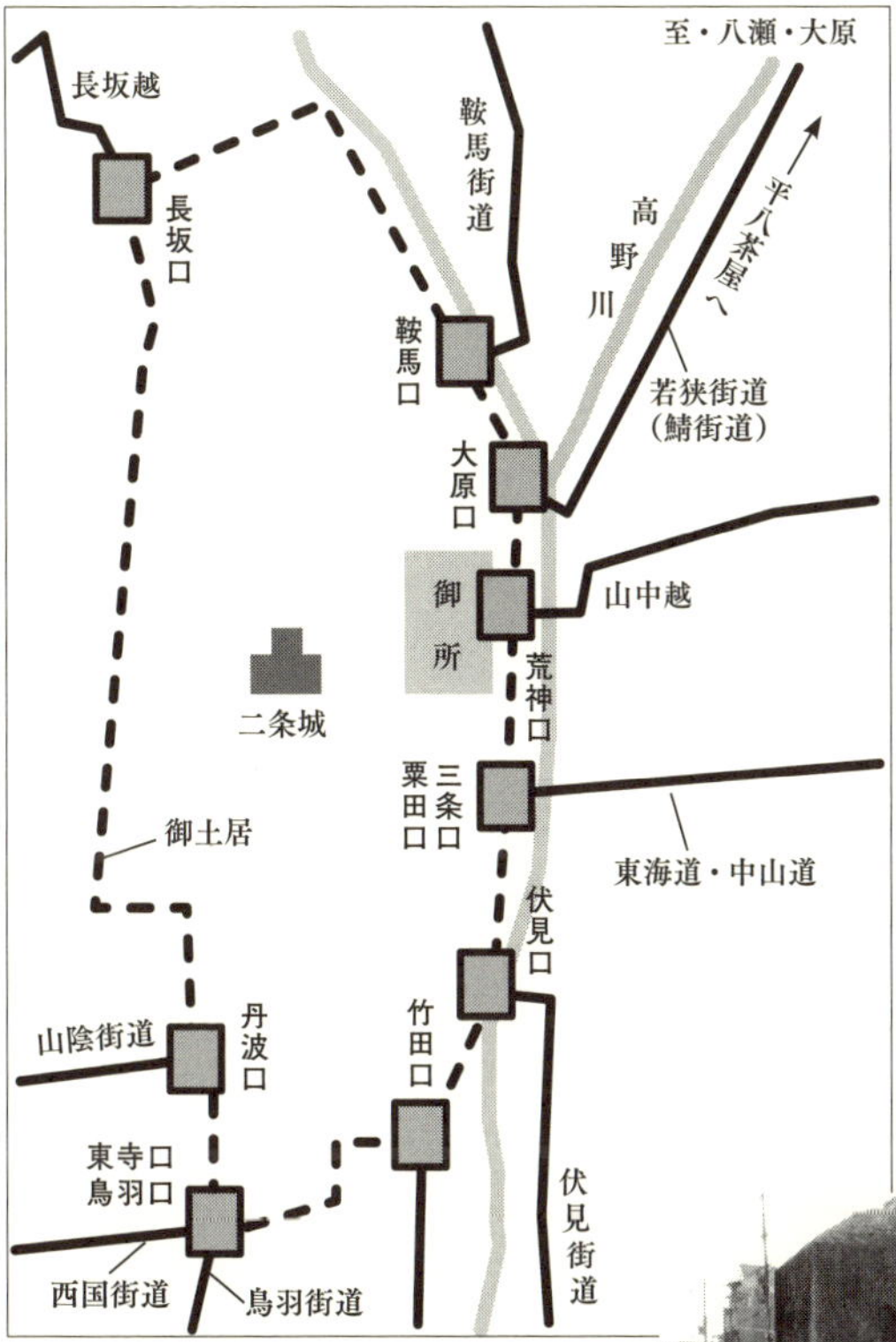

七口とは，京都と各地を結ぶ出入口で，七という数は固定的なものではなく，時代によってその数や位置，名称は変化している．主に豊臣秀吉が築いた御土居と街道の接点にある．

寺町今出川に立つ大原口の道標

代に譲り受けたと言われています。もともとは、萩《はぎ》、いまの山口県にあった禅寺の山門でした。幾つかの経緯を経て、平八茶屋に移築されたのです。この山門は三百五十年から四百年前に造られたと言われています。

そして通り沿いにある母屋ですが、いまから約二百二十年前の寛政八(一七九六)年に旧母屋が全焼し、寛政九年に新たに建築されたものです。京都奉行所に、火事により焼失したことを報告し、その跡地に建築の願いを出して建てられたもので、その時の記録はいまも残っています。

この母屋は、茶屋風の建物ではなく、商家造りの建物です。現在は母屋の中は仮天井が張られていますが、もともとは天井は無く、土間と居室のある商家造りで、京都の商家でよく見られる代表的な造りのようです。

平八茶屋の母屋は間口が十間以上もあるような大店《おおだな》ではありませんが、まずまずの商いをする商家の建物です。建築年も古いため、京都市景観重要建造物に指定されています。しかしそれでも、平八茶屋四百四十年の歴史の半分にあたる二百二十年前後でしかありません。

このように平八茶屋の母屋は歴史的建造物なのですが、現在も調理場として使われており、二十一代目の息子夫婦の暮らしの場にもなっています。

四百四十年続いているとはいえ、所詮は茶屋です。公家や武家のように、これまでの歴史を文書などに遺すことはありませんでした。創業者はこの茶屋がその後、四百四十年も続くとは考え

平八茶屋の騎牛門　　写真：永野一晃

寛政９年に建てられた平八茶屋の母屋　　写真：永野一晃

たこともなかったと思います。その日、その日を、一生懸命に商うことだけで精一杯だったと思うのです。

したがって、創業当時のことを物語る確証となる史料はいっさいありません。言い伝えによって、創業は天正四年ということがわかっているだけです。人様に質問されますと、いつもは「安土桃山時代に創業しました」と申し上げています。茶屋ですので、その説明で十分ですし、私は庶民であることに誇りを感じます。

交通の要所「山端」と鯖街道

天明七(一七八七)年の秋、『拾遺都名所図会《しゅういみやこめいしょずえ》』という書物が刊行されました。現在で言うところの、京都の観光ガイド本です。最初に、『都名所図会』が刊行されて評判となり、第二弾として『拾遺都名所図会』が刊行されました。

『拾遺都名所図会』は全五冊で、平八茶屋は巻之二の「山端」という地名の頁に掲載されています。絵図には、鯖街道や高野川が描かれています。店がある鯖街道の周辺は、現在は民家が建ち並んでいますが、当時は田んぼでした。麦飯茶屋も描かれていて、この茶屋が平八茶屋です。私どもの店の歴史を証明してくれる書物の一つです。

説明文には、「ここも麦飯を常に名物とす」と書かれています。清水寺や寂光院、三千院などの名跡が掲載されている中で、山端の茶屋が掲載されているというのは、よほど繁盛し、話題になっていたということです。

当時、京都の町の方からすると、山端の地帯は近郊の行楽地のようなところでした。京の町は、碁盤の目のように通りが東西南北に交差しています。当時の都の範囲は、東は鴨川あたりまでという感じだったのです。

今出川通りから鴨川を渡って少し北に「出町柳」という地名があるように、鴨川を渡るとそこは京都の外側であり、そこからさらに北に上がったところにある山端は京都の町外れという印象でした。

ここで、「若狭街道」について、少し詳しくお話しすることにします。若狭街道は別名「鯖街道」と呼ばれていたことは先にお話ししました。越前国の小浜まで続く十八里、約七十キロの街道です。平八茶屋はこの街道の通り沿いにあります。

江戸時代の頃の旅人にとって十八里というのは、一昼夜かかる距離でした。朝、小浜を出発し、夜通し歩き、朝を迎えた頃には京都に着く距離です。この街道は、若狭・小浜の海産物を京都に運ぶ通商のためのものでした。

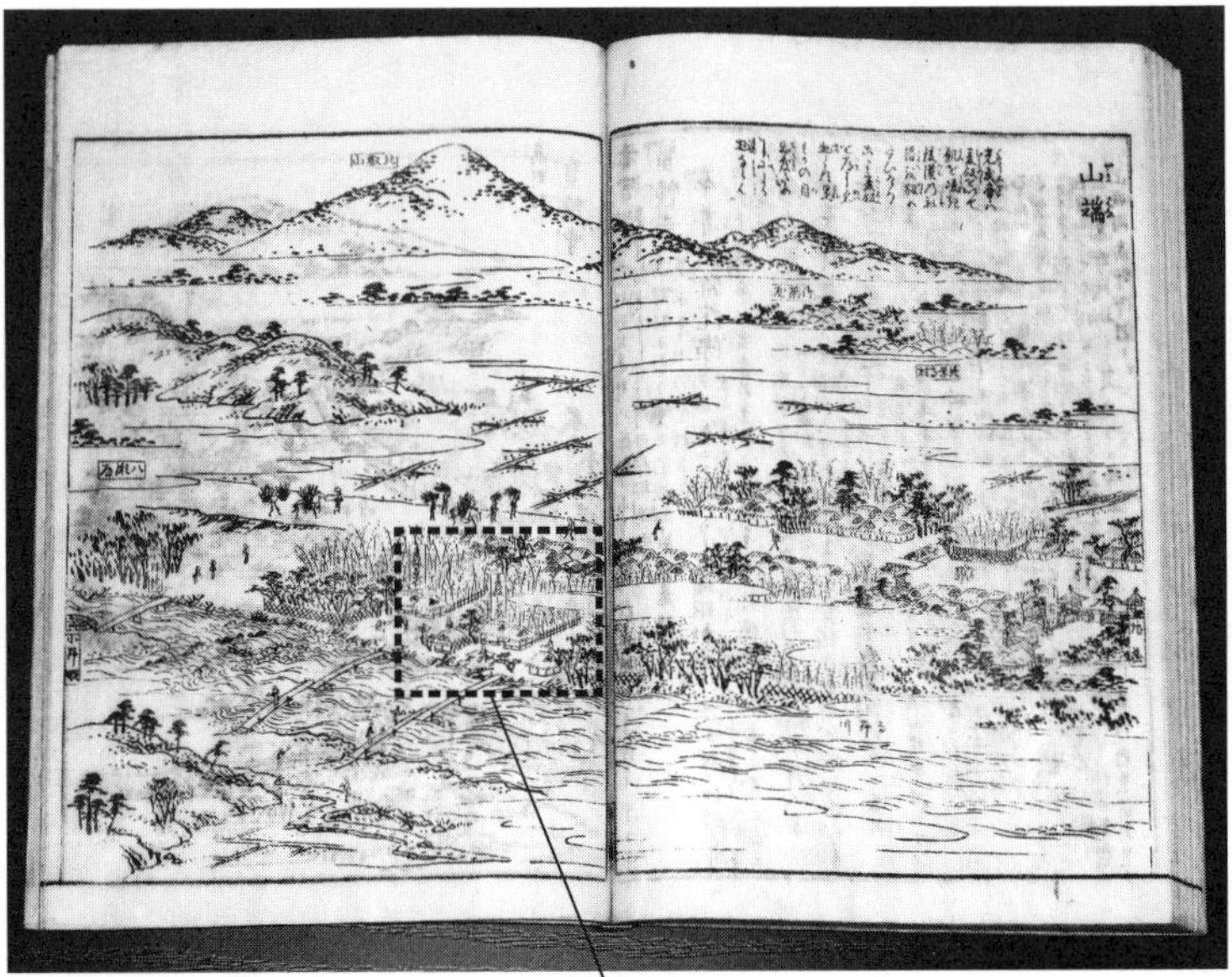

拾遺都名所図会

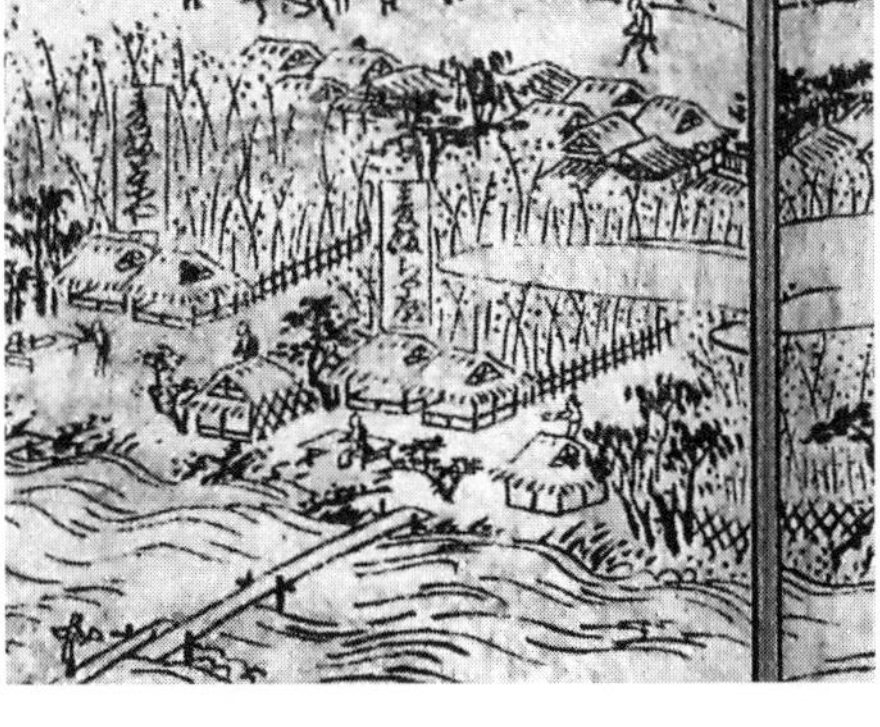

拾遺都名所図会
(平八茶屋部分拡大図)

鯖街道は、京都人の胃袋を支えた大動脈でした。当時、瀬戸内海でとれる海産物の多くは大坂や神戸で消費され、京都までは届きませんでした。冷蔵設備、大量の氷などはもちろんないわけですから、大八車や畚《もっこ》に担いで大坂方面から五十キロを越す道のりを歩いてきたら腐ってしまいます。

京都の西北に「氷室《ひむろ》」という地名があります。当時、氷は夏場にはとても貴重品でした。公家衆が冬場、室《むろ》に氷を置いておき、夏場に少しずつ食べるという習慣がありました。その氷の保管場所だったので、氷室という地名が生まれたのです。このような貴重品である氷を使って、かち割り氷で冷やして鯛や平目などの魚を運ぶなどということは、考えられないことでした。

そのため、京都には鮮魚が入ってこなかったのです。当時の漁法では、冬場はまったくといっていいほど魚がとれなかったこともありました。

ただし、例外はありまして、鱧《はも》と蛸《たこ》は大坂方面から入ってきました。鱧と蛸は生命力が強いので、桶に二〜三センチの海水さえあれば、活きたまま運ぶことができたのです。

この鱧と蛸を除くと瀬戸内海からの海産物は期待できなかったので、京都人の胃袋は鯖街道に頼むしかありませんでした。小浜からは鮮魚に塩を振ったひと塩物や一夜干しが入ってきました。鯖、ぐじなどに塩を振ってくるのは保存がきくからです。このひと塩物や一夜干しが、私たち京都人の重要なタンパク源になりました。

小浜を出発して、ちょうど一昼夜という時間で塩の塩梅《あんばい》がよくなって、なおかつまだ身が活《い》かっている（イキがよい）ので、京都の人々はとても喜んだと言います。小浜から担いで平八茶屋の前に到着すると、行商人たちはみな一服して、身を整え、ここから町売りに歩くわけでした。

こうした中、京都の食通の方たちは少しでも新鮮な魚を手に入れたいという思いが強く、町売りをする前に、わざわざ山端に来られて、鯖やぐじを行商人から購入します。購入した魚は平八茶屋に調理を依頼し、その場で食べて帰りました。

「鯖を料理してくれ」「ぐじを焼いてくれ」という要望に応えて、平八茶屋は次第に茶屋から料理屋に業態を変えていきました。この点は後に詳しく触れることにします。

この鯖街道とは別に、山端から比叡山《ひえいざん》に行く道があります。平八茶屋の近くに比叡山に通じる三叉路があり、比叡山・延暦寺の僧が都に降りる際に、この山端の平八茶屋に立ち寄っていきました。

このように、「山端」は地の利がとてもよい土地でした。いまで言うところの、「道の駅」が置かれるような土地です。その一番のポイントに平八茶屋がありましたので、江戸時代を通じて相当に繁盛していたということです。

時代とともに形を変えながら

都を出て大原口を越え、鯖街道を歩き、平八茶屋に着く頃が、ちょうど一里です。この一里という距離が絶妙な距離でした。

江戸時代には大原から朽木《くつき》（現在の滋賀県高島市朽木地区）あたりには山賊がよく出たと言われています。ですので、旅人は命がけで旅をしていました。ちょうど一里のところにあった平八茶屋で、多くの旅人はひと休みし、麦飯とろろ汁を食べて英気を養い、危険の多い旅へと向かっていったのでした。

当時、米は年貢として納めますので、京都の町衆はなかなか食べることができませんでした。多くの庶民は粟《あわ》や稗《ひえ》を食べていて、麦はもちろん、とろろ汁を食べることも贅沢なことでした。ですから、麦飯にとろろをかけて食べるというのは、庶民にとって本当に贅沢なことだったのです。

こうして麦飯とろろ汁は、〝鯖街道にある、旅人に評判の繁盛店がお出しする茶屋名物〟として知られることとなりました。麦飯とろろ汁をかきこむと、活力が充実していきます。それをエネルギーに替えて小浜へと再び旅立つのです。

逆に、小浜から京に向かってくるときは、「もう一里で都だ」とここで一服し、麦飯とろろ汁を食べ、着物や草鞋《わらじ》を整えて都に入っていったということは先に書いた通りです。平八茶屋は、このようにして多くの旅人に愛され利用されていました。

平八茶屋は、江戸時代初期の頃は「萬屋平八《よろずやへいはち》」という茶屋兼雑貨屋を営みました。麦飯とろろ汁を旅人に提供しながら、近隣のお百姓さんたちに鋤《すき》、鍬《くわ》などの農具を商っていました。

徳川氏が将軍として天下を治めて百年も経つ江戸時代中期になると、庶民の遠出が増えて、麦飯とろろ汁は多くの旅人のお腹を満足させました。萬屋平八はますます繁盛し、こんどは旅籠《はたご》になります。多くの旅人がここに立ち寄って麦飯とろろ汁を食べていくわけですから、商魂ある当主が旅籠を始めるのは必然の流れでした。

さらに江戸時代中期に若狭国小浜藩の藩主酒井氏が、旅籠になった萬屋平八に脇本陣を置きました。萬屋平八から少し下《しも》にある「十一屋《じゅういちや》」は料亭兼武士専門の旅籠を営んでいました。この十一屋に本陣が置かれました。

「十一」という漢字を重ねると「士」という漢字になりますので、十一屋という名がついたそうです。参勤交代の折には、平八茶屋では供侍に竹の皮に包んだ鯖寿司などを提供していました。小浜藩は鯖街道を進み、京都を経て、中山道をさらに進んで江戸に向かうのでした。

しかし、明治時代を迎えると、鉄道の開業によって鯖街道はその役目を終えます。鉄道が敷かれたことで、若狭・小浜から京都の町中に直接、物流が繋がったのです。

料理屋が世の中に現れたのは、江戸時代中期と言われています。当時の江戸に「八百善《やおぜん》」という料理屋がありましたが、この店が江戸の料理屋の発祥と言われています。南禅寺の瓢亭《ひょうてい》や中村楼《なかむらろう》も、この時期に茶屋から料理屋に移行しました。

萬屋平八も江戸中期から後期にかけて、料理屋に移行していったようです。そして明治の十五代の頃は高野川や鴨川、琵琶湖などの川魚を使用した川魚専門の料亭になりました。この料亭は私の父・日出雄の十九代まで百年続きました。

二十代の当主になった私は、川魚は今後、衰退していく可能性が高いと考えて、昔の文献などを見て、ぐじを使った料理を「若狭懐石」として開発しました。「若狭懐石」については第三章で触れることにします。

茶屋から始まった平八茶屋は江戸時代を通じて萬屋、旅籠屋、料理屋と少しずつ形を変え、また、明治の時代になってから料亭としての評価を高めていきました。それぞれの代の当主がそのつど考え、時代のニーズを読み取り、商売をさせていただいた結果だと思っています。

二十区二十人目のランナー

私は「箱根駅伝」が好きで、毎年欠かさず見ています。毎年見て、毎年涙を流してしまいます。「そんなに無理して走ったら、選手生命が終わるかもしれない」、と思えるほどふらふらになりながらも、母校の襷《たすき》を必死に渡そうとする選手の姿に感動しています。

そして、襷を必死に渡そうとする姿、周囲がどんなに止めようとしても走ろうとする一途さを見ていると、「これが使命感」と独り言を言ってしまいます。

私は平八茶屋の歴史を、「駅伝」として捉えています。私は二十区二十人目の駅伝ランナーなのです。十九代の父・日出雄から襷を預かり、二十一代の息子・晋吾に襷を渡すまで、私の使命は二十区のランナーとして責任をもって走るということです。

もちろん、区間賞は目指します。当代の料理人の中で一番を目指すために精進を欠かさないことは当然ですが、それ以上に大きなミッションは前のランナーから襷を受けて、次のランナーに襷を渡すことだと思っています。これが、当主に課せられた一番重要なミッションです。

お店を繁盛させ、売上を大いに伸ばし、拡大することももちろん必要なことかもしれませんが、それはあくまで二番目、三番目のミッションでしかありません。襷を渡せないと四百四十年の歴史はゼロになってしまいます。まさに、駅伝ランナーの気持ちになります。

多くの方たちから「四百四十年も続けるのは大変ですね」とよく言われますが、私が一人で続けてきたわけではありません。四百四十年で二十人の当主、それぞれの代が二十数年の積み重ねできたわけです。

私の場合は、平成三（一九九一）年のバブル経済の崩壊という大変な時代を経験しましたが、それ以前にも大変な時代はありました。徳川幕府が崩壊し、明治維新を迎えた激動の時代、太平洋戦争の時代、敗戦直後の時代など、私が経験した時代よりももっと大変な時代が幾つもありました。

戦時中の話ですが、父・日出雄は統制経済の影響で食材が手に入らず、商売などできませんでした。たまに、馴染みのお客様からの予約が入りますと、闇市で食材を調達し、蔵の座敷を黒い布で覆って、こっそりと食べてもらうようにしたとの話を聞いたことがありました。

商売というのは、決してよい時代ばかりがあるわけではありません。太平洋戦争の前後で、京都の老舗料亭はかなりの数が潰れました。バブル崩壊の時期もそうでした。平八茶屋のささやかな自慢の一つは、支店を持たず本店のみの商いですが、この規模を保ちながら直系で二十代続いていることです。

なぜ、直系にこだわるのかと言いますと、これはあくまで私の考えですが、たとえば養子の方が代を継ぎますと、よい養子の方、悪い養子の方問わずに、自分の代で実績を残そうと思うものです。そこで無理をしてしまいます。この無理が後々、商いで躓《つまず》く原因になったりするのです。

しかし、直系ですと、大層な冒険をせず、自己資金の範囲内で、己の力量などを見極めながら商いを継続しますので、躓く原因が少なくなります。せいぜい座敷などを改装するぐらいです。後は、料理人としてただひたすら精進することが大切なのです。

第一章

「京料理」は工夫と家業の文化

「京料理」と言われ出したのは戦後から

第一章では京料理についてお話しします。

「京料理」という言葉が最近はよく使われますが、実はこの言葉は昔から使われていた言葉ではありません。日本人の多くが「京料理」という言葉を知り、使い出したのはわりと新しく、戦後になってからだと思います。

明治・大正時代には、この言葉はあまり聞かれませんし、使われていません。料理関連の文献を調べてみますと、江戸時代後期の文化・文政時代、ちょうど化政文化の頃ですが、「京料理」という文字が出てきました。

当時は、「関西料理」という枠の中に、「大坂料理」と「京料理」が入っていたようです。それまでは、江戸は「江戸料理」、大坂と京都は「関西料理」という捉え方でした。しかも、いまとは異なり、関西料理は大坂料理が中心でした。私が若い頃も、現在のような「京料理」の知名度、ブランドイメージの高まりを感じたことはありませんでした。

京料理というと「おばんざい」というイメージが強く、料理関連や京都関連の書籍を見ますと、

「おばんざい」という言葉がよく使われるようになりました。京都へ旅行に行ったら「おばんざい」を食べたいと考える方も少なくないでしょう。

「おばんざい」は京都人の家庭料理、おかず、お惣菜のことを意味すると思うのですが、この言葉を京都の料理人が口にすることはほとんどありません。また、実は「おばんざい」は京都で昔から使われていた言葉でもありません。

この言葉は、一説によると京都在住だった随筆家の故・大村しげさんがつくられた造語です。「おばんざい」は大村さんの書籍やテレビで広まった言葉で、「おばんざい」という京料理は存在しないのです。この点をぜひ覚えておいていただけたらと思います。

京料理は「水」が命

さて、ここで、「水」から見た江戸料理と関西料理の違いについて触れることにしましょう。

関西と関東では、水の違いがあります。関東は硬水ですが、関西は軟水です。この水質の違いは料理にどのような違いをもたらすのかと言いますと、それは出汁《だし》の違いを生みます。

関東の硬水だと昆布の味が出にくくなります。そのため、鰹《かつお》を多めに入れています。昆布よりも鰹の旨みが強く出る出汁になるのですが、これが江戸の出汁です。出汁にはどうしても鰹の生臭さが残りますので、味付けは醤油《しょうゆ》を注ぎ込むように入れます。関東の味付けが甘辛くドンとした味付けになるのは、こうした理由からなのです。

いっぽう、関西は軟水ですから、昆布の旨みが染み出ます。鰹は香り程度でいいので、かなり少な目になります。関西の出汁は生臭みが少ないため、醤油を入れないで塩で味付けします。関西は公家文化でもありますから、肉体労働はあまりしません。ですから、淡泊なもので十分なのです。

さて、このような水質の違いによる味付けの仕方の違いの他に、東西の料理にはさまざまな違いがあります。その境界線はどこかと言いますと、以前調べたことがあるのですが、岐阜県大垣市あたりと言われています。

雑煮にしても、関東はすまし汁、関西は白味噌です。餅は、丸餅が関西で、切り餅が関東です。関西文化と関東文化の境界線が大垣市というのも、意味深いものがあります。と言いますのも、関ヶ原の戦いで、石田三成が指揮する西軍と徳川家康が大将の東軍は、大垣城を巡って激しく戦ったからです。当時の武将たちは、東西の境界線を大垣城のあたりと見ていたのでしょう。

京都の料亭で使う昆布は、北海道の昆布がほとんどです。それというのも、北海道の昆布は古くから北前船《きたまえぶね》で入ってきたからです。昆布出汁が京料理の基本になっていますから、北前船がなかったら京料理は発達していなかったかもしれません。

平八茶屋の昆布出汁には、北海道の利尻島の昆布を使っています。京都の料理屋の半分以上は利尻の昆布を使っているはずです。日高昆布もあるのですが、こちらの昆布はしっかりした芯があるので、平八茶屋では昆布巻きに使っています。

京料理の味付け、江戸料理の味付け

水質の違いが出汁の違いを生み、味付けが異なることに触れました。この話の続きとして、煮物を例にして味付けの違いについて少し詳しくお話ししたいと思います。

煮物は、出汁が基本になります。江戸料理では、醬油で味を付け、砂糖を加えて、甘辛の味付けにするのが基本です。芋の煮っ転がしについても同じです。これが関東の料理仕事になります。京料理では、昆布出汁でコトコトと弱火で煮て、食材に味を染み込ませていきます。時間をかけて、食材の味を引き立たせるのです。ですから、その食材の味と昆布出汁で旨みを際立たせて、ギリギリのところで味付けをすることになります。ここに、京料理の繊細さが生まれます。

京料理は薄味と言われますが、私たちの意識ではしっかり味を付けています。江戸料理のように濃口醬油は使いませんが、薄口醬油にしても白醬油にしても、醬油の色は薄いですが、塩分はしっかりとしています。薄味というのではなく、味がきちんと整っているはずです。

私たち京料理の料理人は、昆布出汁が持つ上品さをこよなく愛しています。この昆布出汁をベースにして、鰹の風味をさっと乗せるのです。私たちからしますと、鰹が多い出汁よりも昆布の味が勝る出汁のほうが旨みを感じさせる出汁だと思っています。

昆布出汁は、料理によっていろいろな取り方があります。また、料理屋ごとに出汁の取り方が違うものです。

平八茶屋では、昆布を水から鍋の中に入れて、沸騰《ふっとう》させず、弱火で一時間以上そのままにしておきます。その後、昆布を上げて、鰹節をポンと少し放り込んで、スッと上げます。すると、口の中に昆布の旨みがじんわりと広がる昆布出汁になります。この取り方が正しいのか、正しくないのかという問題ではなく、十の料理屋があればその料理屋ごとに出汁の取り方には違いがあるのです。

また、その料理屋の調理場に、当主が入っているか、いないかでも味は違ってきます。料理職人に任せている料理屋では、料理職人が変わるごとに味が右から左へと変わります。しかし、京都の料理屋では、当主の八割方が調理場に入っているので、多少のことでは味が変わりません。良きにせよ悪しきにせよ、「これが平八茶屋の味やな」「瓢亭さんの味やな」と、その料理屋独自の味をそれぞれが持っているのです。それは関東の料理屋でも当主が調理場に入っている店では同じだと思います。

京料理、五つの系統

京料理というと一つのものと思われているかもしれません。「京都の伝統産業」というウェブサイトを見ますと、「京料理」について簡単な解説文が掲載されています。それによると、京料理の〈源流は、御所、公家に伝わる「有職《ゆうそく》料理」、武家を中心とした「本膳《ほんぜん》料理」、寺院の斎食《さいじき》作法から生まれた「精進料理」、茶の湯とともに発達した「懐石料理」など多様な料理が体系的につながり、融合し、1200年王朝の土壌に培われ今日の京料理となっている〉と解説されています。

「京都の伝統産業」のサイトの解説をベースとしながらも、私が考える京料理の五つの系統についてお話しします。まず、その五つは、①有職料理、②精進料理、③懐石料理、④本膳料理（会席料理）、そして最後は、⑤川魚料理になります。⑤に、「川魚料理」を加えるのが、私独自の考え方になります。

それでは、平八茶屋はこの五つの系統の中で、どの系統に入るのでしょうか。答えは、④会席料理になります。しかし、明治時代中期以降になりますと、会席料理に加えて⑤の川魚料理の系統も関係してきます。こちらについては、もう少し後で触れることにします。

会席料理の元になっているのは本膳料理です。本膳料理については第二章で詳しく触れることになりますが、最も豪華な饗応《きょうおう》料理で室町時代に芽生え、安土桃山時代に内容、形式とも大きく発達しました。現在では冠婚葬祭の儀式料理に名残りをとどめています。会席料理とは、宴席にてもてなす料理のことを指します。京都の料理屋は、この会席料理を出すところがほとんどです。

ところで、漢字は違うものの読み方は同じ「かいせきりょうり」と読む「懐石料理」ですが、こちらは茶道の「茶懐石」から生まれています。「茶の湯」の席でのメインはお茶をいただくことですが、その前にもてなす食事のことを指します。

茶道の心である侘《わ》び・寂《さ》びを料理として表現しており、「旬の食材を使う」「素材の持ち味を活かす」「心配りをもっておもてなしをする」という三大原則を掲げています。懐石料理を続けている料理屋といえば、南禅寺の瓢亭が有名です。

会席料理と懐石料理はどちらも一汁三菜を基本にしています。その違いは、懐石料理はお茶を嗜《たしな》むためにいただく料理で、会席料理はお酒を嗜むための料理になります。

「精進料理」は生臭《なまぐさ》を入れない野菜を食材にした料理のことです。日本では、室町時代中期に、禅僧によって完成されました。

武家文化から来ている本膳料理に対して、有職料理は公家文化から来ています。京都西陣の老舗、萬亀樓《まんかめろう》は有職料理をお出しする料理屋として有名です。ここでは、いまも生間流《いかまりゅう》という流儀を持っています。「生間流式庖丁」とは、烏帽子《えぼし》、袴《はかま》、狩衣姿《かりぎぬすがた》で庖丁とまな箸をもって、まな板の上の鯉や鯛を手で触れずに料理していく庖丁の捌《さば》き方です。現在は、儀式に近いものです。直接手で触れた食材は「穢《けが》れ」につながると言われています。

最後は、「川魚料理」ですが、この料理は創業三百年の歴史をもつ美濃吉《みのきち》、貴船のふじや、そして平八茶屋などで提供されています。平八茶屋では明治時代中期から百年間、川魚料理をお出ししています。京都は鯖街道以外から海産物が入って来ない土地柄なので、昔の料理屋では川魚を中心とした料理屋が多かったのです。

私がつねに語っているのは、「京料理は一つではない」ということです。京料理は五系統から生まれました。京料理の中に、五つのジャンルがあると考えられます。それが、単体で出される時もあれば、融合して出される時もあるのです。

鱧《はも》の骨切りが料理人の技を向上させた

京都の夏は鱧料理です。鱧料理と言いますと、骨切りがつとによく知られています。この骨切りは、なかなかすぐにはできないものです。鱧の皮に庖丁目がいくらか入ってはいますが、骨を切ってなお皮は切れていないのが骨切りです。

京都の料理屋で修業をしないと骨切りの技は身につきません。京都以外の地域では、鱧の本当の骨切りを知らない職人が多いように見受けられます。名前は控えますが、東京の有名な料亭で、季節料理ということで「牡丹鱧《ぼたんはも》」という椀物の料理が出されました。骨切りした鱧を熱い出汁の中で牡丹の花びらのようにパーッと開かせ、そこに梅肉を添える椀物でした。

鱧の骨切りは、骨が最後までしっかり切れていると、皮に庖丁目が薄く入っている状態で、繋がっているのは皮だけになります。けれどもこの椀の鱧は、骨の最後の〇・一ミリが切れていませんでした。そこが切れていないと、口に鱧の骨が触ります。骨切りに見せかけてはいますが、最後の骨が切れていなかったのです。

食事の後に、この料理人と話す機会をいただきました。「どちらの出身ですか?」と聞きますと、東京の方でした。「京都に修業に来ましたか?」と聞きましたら、行っていないとのお話でした。

私はいつもお話ししているのですが、鱧料理こそが京都の料理人の技術が一番よく表れる料理なのです。鱧はもともと小骨が多い魚ですからかつては食用には不向きで、港で捨てられていましたが、それを京都の料理人は骨切りという工夫をこらして、食材に変えてしまいました。

このような工夫こそが京料理ではないかと思います。京都は海から遠い町です。もともと海の食材が乏しい土地柄でした。そのような環境の中で工夫をこらすのが、京料理なのです。

京都の料理人の場合、十年ぐらいの修業を経て、ようやく鱧の骨切りができるようになります。もちろん、十年修業すれば鱧料理ができるようになるというのはあくまで目安で、人によっては十年かけずにできる料理人もいれば、十年経ってもできない料理人もいます。ひとつの目安です。

料理屋の規模によっても異なりますが、夏場になると、鱧を一日、五〜十本ほど骨切りしていきます。そこで上達するのです。鱧が来た時だけ、たまに骨切りをしたという程度では、鱧の骨切りの技は身につきません。

私の場合は、二十二歳の時から庖丁を持っていますから、かれこれ五十年近く料理人の人生を歩んできました。鱧の骨切りは三十歳前にはできるようになっていました。修業時代には寝る間も惜しんで、夜遅くまで勉強したものです。

京風料理と九条ネギ

最近、気づいたのですが、東京でも京料理ではなく、「京風料理」という言葉をよく耳にするようになっています。この傾向は東京に限らず、日本全国を席巻《せっけん》しているように感じます。

たとえば、北海道には伝統の新鮮な海産物を使った美味しい郷土料理がありますが、最近は京風料理が蔓延《まんえん》した結果、その味付けが変わってしまったように思います。

それでは、京風料理とはいったいどのような料理なのでしょう。私は京風料理を説明するよりも、京料理とはどのような料理かを説明するほうがわかりやすいと思っています。京料理をひと言で説明するとどうなるでしょうか。

私はいつもこのように説明しています。

「京都の水を使って調理される料理であり、地元の京野菜を使う、京都の地でしかできない料理です」

京都以外の地で京料理をつくろうと思い、いくら昆布出汁を取って、味付けを京料理のようにしても、肝心要の水が違うため、それは京料理ではなく、京風料理になるわけです。

最近は京料理に加えて、「京野菜」という言葉も出回っています。趣のある伝統の味、美味しい野菜の代名詞になっています。

皆さんに考えていただきたいのですが、この京野菜を関東の硬水で調理するとどうなるでしょうか。美味しいと思いますか。

ここで強調したいのは、まず風土が違うということです。また、京都の野菜を関東まで運ぶには、コストも決して安くはありません。とすると、利益のみを優先させる商売人たちはどうするのか。たとえば東京で売るために、京都の九条ネギを東京近郊でつくらせようとするのです。

京都以外で栽培されても、九条ネギは九条ネギ。だから、主旨は同じと考えていらっしゃる方がいるのが、とても残念です。それぞれの土地で純粋に懸命に農業をされている方たちならば、このような発想は決してしないはずです。彼らもまた風土の違いを知っているからです。京都の土とは土壌が違いますから、それは似て非なるネギであり、基本的に京都産の九条ネギとは違うわけです。

私たち料理人、農家の方たちもその土地のものにこだわりながら、仕事をしています。しかし、ここに、ビジネス最優先の論理が加わりますと、効率性を求めて、土地のものを無視します。

この論理のために、日本のいまの食生活はダメにされていると私は思います。京都以外で採れた九条ネギは、私たち京都の料理人が知っている九条ネギではありません。

先ほどの京風料理もまったく同じことです。京風料理は、私たち京都の料理人からすると京料理とはまったく異なる料理なのです。

京料理の料理人になるためには

「京料理の料理人を目指すとしたら、修業先はどこの料亭がいいのでしょうか？」

こんな質問を年に一、二回は受けます。平八茶屋に、親御さんに連れてこられた高校生ぐらいの男子が多いです。その真剣な眼差しから本気さが伝わります。

料理人は決して楽な仕事ではありませんが、京料理のブランドイメージが著しく上がったことが影響しているのでしょうか。また、修業時代の師匠と弟子に見られる濃密な人間関係をいまの若者は欲しているのかもしれません。このような若者は決して多数派ではないものの、ものづくりの楽しさを感じる仕事をしたいと考える若者は少しずつ増えているように思います。

その質問に対して私は、「基本的に、どこの料理屋を修業先に選んでも、京料理の基礎を学ぶことができます」と答えています。というのは、京料理の基本はどこの料亭、料理屋で修業しても変わらないからです。

たとえば、懐石料理を出す南禅寺の瓢亭と会席料理を出す平八茶屋では、料理の系統に多少の違いはありますが、料理屋としてお客様にお出しする料理の基本にはほとんど違いはありません。京料理の系統の違いはあっても、出される料理がまったく異なる料理であることはほとんどなく、京料理の基礎と基本はどの料理屋でも一緒なのです。

どの料理屋で修業されたとしても、京料理の料理人にはなれますが、「五系統」の調理法すべてに応用が効くのかと言いますと、それは残念ながら効きません。瓢亭の料理をつくろうとすると、瓢亭で十年の修業が必要になります。もちろん、平八茶屋の料理をつくろうとする場合でも平八茶屋で十年の修業が必要です。

料理屋では、五年ほどの修業で京料理の最低限の基本形が身につくように育てますが、いくら基本形を知っても、修業先の料理屋の料理はつくれません。美濃吉なら美濃吉、菊乃井《きくのい》なら菊乃井と、それぞれ十年ぐらいは修業しませんと、その料理屋の料理はつくれないというのが現実です。十年修業してもできない料理人は少なくありません。

このように、料理屋での修業は最短でも十年は必要です。修業を継続させるためには、やる気と根気が求められます。

私が料理人志望の青年たちに面接でよく語る言葉があります。

「就職するつもりで来ないでください。修業する気持ちで来てください」

こう伝えると、青年たちはその場では「ハイ」と答えるのですが、その多くは五年も経たないうちに辞めていきます。修業で十年、我慢できる人間はほんの一握りなのです。他の料理屋でもほぼ同じです。

三年から五年修業して、その料理屋を辞め、その後の就職先で「京料理を修業しました」と自己アピールする料理人も多くいます。中途半端な修業のまま、その中途半端な調理法が他の地域で広まっていることを考えますと、忸怩《じくじ》たる想いです。

そこで、平成十五(二〇〇三)年、京都料理組合では髙橋英一組合長(料理人初の京都府の無形文化財保持者・瓢亭十四代当主)の時代に京都料理組合調理師認定証という制度をつくりました。この制度は、京都料理組合が料理人の方に、「十年間仕事をしました」「三十年間仕事をしました」という認定証を発行するものです。これは各料理屋から申請があった場合に、五年、十年、二十年、三十年と認定証を出すことになっています。

地方の温泉街の旅館やホテルに、エセ京料理人が多数出没していることが理由でした。京都の料理屋に数日間、数週間しかいなかった料理人が、「京都の料理屋で修業していました」と言えば、通常の給料の一・五倍の金額で雇われることが多いからです。そういうことを防ぎたいとの想いから、京都料理組合では認定証を発行することにしたのです。京都の料理屋の主人が集う京都料理組合の目的の一つに、私たち料理人の地位の向上と保全活動も含まれるからです。

これだけ京料理の地位が高まり、ブランド化されると、逆に真摯《しんし》に京料理を探求しようとする料理人にとっては厄介な時代になっています。私たちにはブランドイメージを高めるために京料理をつくっているという意識はなく、私ならば平八茶屋の料理をつくってお出ししているという意識です。それこそがまさに、京料理なのです。

京都の老舗料理屋の当主は毎日調理場に立つ

京都の老舗料理屋の当主の八割は自ら庖丁を持ち、毎日、調理場に立っています。これが京都の老舗料理屋の特徴だといえます。

料理職人を雇って料理を任せて、当主は調理場に入らず、もっぱらマネジメントのみに精を出したほうが効率的になるかもしれません。しかし、料理の味というものは、「効率性を重視する」という発想とは真逆なところにあるものです。

「手間」というものを大切にする姿勢自体、効率とは相反するものです。この手間を大切にする姿勢を持たずに、マネジメントに徹する当主は、本当の意味での当主として存在できるものでしょうか。私はその点がやや疑問です。

京都の料理屋では、瓢亭の髙橋英一氏以下、菊乃井の村田吉弘氏(菊乃井三代当主)、私もそうですが、庖丁を持っている当主のほうが圧倒的に多いのです。

自分が当主になり、料理を自らの腕で調理する、味を伝えていけるというのは、料理人としてとても幸せなことだと思います。それぞれの料理屋では独自の流儀があり、それを料理職人に任せていたのならば、その一代で伝承の技がとんでしまいます。

そもそも京都の老舗料理屋の多くは百年、二百年と家業として続いてきました。その多くは本店一店舗で商いをしています。ですから、多店舗化してマネジメントする必要はないのです。

料理屋の日常はいたって地味で、料理組合や理事会で豪遊するようなお付き合いはまずありません。小さな家業を守り、少し繁盛させるために、愚直にコツコツと料理をつくり、お客様にお出しして、日が暮れてお客様が帰られたら、店を閉めて早く寝る。そんな日常の繰り返しです。

京都の老舗料理屋が家業の状態にしておくのは、暖簾を守る意味もあります。たとえば、商いがうまくいかず、従業員を一人も雇えないことがあるかもしれません。しかし、どんな状況になろうとも、「暖簾を外さない」のが、京都の老舗料理屋の商いの姿勢です。

平八茶屋で考えてみますと、私と長男・晋吾は料理人ですから庖丁を持ち、料理をつくります。そして、私の妻と息子の嫁が接客を担当できます。どんな状況に陥っても、商売の継続が可能であるということが家業の強みです。だからこそ、平八茶屋は四百四十年続いてきたのだと思います。私は家業に誇りを感じています。

第二章

山ばな平八茶屋の魂と暖簾

百年前もいまも平八茶屋は麦飯とろろ汁

平八茶屋の名物「麦飯とろろ汁」は、私たちが最も大切にしている創業以来の伝承料理です。しかし、この伝承料理を、私は一度だけ、なくそうと考えたことがありました。いま思うと恥ずかしい限りですが、当時の私としては真剣に考えた末の結論でした。

昭和五十五(一九八〇)年、私が三十二歳の頃でした。当時の私は十年の経験を積んだ一人前の料理人を気取っていました。

その頃、毎年二月には、名物催事「京の味ごちそう展」が、四条河原町にある髙島屋で開催されていました。その特設コーナーには、中村楼、美濃吉、いもぼう平野家、瓢亭、そして私どもの平八茶屋と、京都の老舗料理屋が出店していました。他の料理屋といい意味で競いながら、お客様にお弁当を出していたのです。

他の料理屋は皆、出汁巻き、昆布〆、取り肴、かやくご飯やお寿司といった華やかなお弁当を並べていました。平八茶屋は麦飯とろろ汁が名物なので、取り肴と麦飯とろろ汁だけを出していました。

料理の味では他の料理屋と遜色ないのですが、麦飯とろろ汁にはかやくご飯やお寿司のような見た目の華やかさはありませんのでお客様の興味関心に差が出たのか、お弁当の販売数がまったく違いました。平八茶屋のお弁当は他の料理屋の半分しか出ていなかったのです。私は大いに悩みました。麦飯とろろ汁にこだわるのか、献立を変更してお出しするのがいいのか、考えに考え悩みました。

平八茶屋の名物ということで、麦飯とろろ汁をお客様に押しつけているのではないか。平八茶屋で、お客様に麦飯とろろ汁をお出しするのは何の問題もありません。お客様がわざわざ食べにいらっしゃるからです。

ただし、デパートの催事などでは、お客様はいろいろな料理屋のお弁当を選ぶことができるので、私はお寿司やかやくご飯をお出ししたほうが、麦飯とろろ汁よりも見栄えよく、美味しいと思われるのではないかと考えたのです。そこで、麦飯を変えて、しめじご飯に錦糸《きんし》を乗せ、菜種と梅麩《うめふ》を添えて、お客様にお出ししました。この献立変更で、以後は他の料理屋と同じくらいの販売数になりました。

そのような経験をしたせいか、ある時、店でも麦飯とろろ汁を外した献立を考えました。そしていよいよ麦飯とろろ汁を外した料理を出そうとした当日、もう一度献立を見直しました。ところが、どうもしっくりきません。何回も何回も見直しましたが、やはりしっくりこないのです。

そのうち、私の胸の内に不思議な動悸が走り、とうとう実行することができませんでした。麦飯とろろ汁を外すと平八茶屋の特徴がなくなってしまう、麦飯とろろ汁だけは残さなくてはいけないと思いました。これだけは外せないと気づいたのです。

平八茶屋の献立から麦飯とろろ汁を外そうとしたのは、後にも先にもこの時一回きりでした。平八茶屋のメインディッシュは麦飯とろろ汁で、その麦飯とろろ汁を美味しく召し上がっていただくようその他の料理があるのです。

その料理が川魚料理であっても、若狭懐石であっても、また新しい世代が考案するであろう外国からの素材を使った料理であったとしても、私は一向にかまわないと思いますが、しかしそれはあくまでメインディッシュである麦飯とろろ汁を美味しくいただくための料理でなくてはなりません。

平八茶屋の麦飯とろろ汁を百年前に召し上がっていただいた。現在も召し上がっていただく。そして、百年後にも召し上がっていただきたいといまでは願うようになっています。これが、伝統というものでしょうか。

麦飯とろろ御膳　　写真：杉本幸輔

革新は少しずつ、少しずつ

平八茶屋は京都でも、東京でも、全国どこへ行っても、「老舗ですね」とよく言われます。そして、「四百四十年、伝統を守ってきたというのは、すごいことですね」とも言っていただきます。

個人的には、伝統を「守る」、暖簾を「守る」といった言葉が、私は大嫌いです。伝統や暖簾を守っているだけでしたら、私たちのような老舗料理屋はとっくの昔に潰れています。伝統を守る、暖簾を守るというのは、ただ単に守ることではなく、どんどん革新していくことです。

この考えは私の持論ですが、老舗の多くの当主の方たちは同じように考えていると思います。

平八茶屋にいらしたお客様から、「とろろ汁の味はずっと変わらないのですか」と尋ねられることがあります。その際は、「基本的には、味は変わりません」と答えますが、それは正確ではありませんでした。

「基本的には、味は変わりません」の返答に続く言葉がありました。それは、「平八茶屋を継ぐ当代、当代がそのときに最良と思う「あたり(味付け)」にしています」という言葉です。当代、当代によって使用する白醤油、とろろ芋、素材も変わります。

たとえば、白醤油も百年間同じものかというとそれは違います。現在はあるメーカーの白醤油を使っていますが、その醤油もどんどん味が変わってきます。そうなると、その白醤油を使うのをやめて、違う味の白醤油を探すことになるのです。

それは、当主が料理人だからできることです。雇われている料理職人がどれほどの技術を持っていても、味の伝承はできません。味の伝承は、当主の仕事です。私には、先代の味を守るという気持ちはありません。「ありません」というよりは、それは無理なことです。父親であった十九代と私の代では味は違いますし、私の代と息子の二十一代でも味が違います。

しかし、それは、お客様にはわからない味の変化です。甘さや辛さがきつくなったらわかってしまいます。その変化は、私たち料理人にしかわからない微妙な違いなのです。味の変化とは、そういうものです。大きく一歩変えるのではなく、半歩ずつ半歩ずつ味を変えていくもの。この少しずつ、少しずつ変えていく塩梅が、平八茶屋を担う当主の器量というものです。

その昔は、味付けも献立も料理職人に任せていた時期もありました。その時には、「あんたとこ、料理職人さん、変わったな、料理、変わったな」と言われました。こうしたことを言われることは、老舗料理屋としては恥なのです。

しかし、私の代から息子の代へと代替わりをした際には、そのようなことを言われたことはありません。ずっと流れてきた時の変化の中で少しずつ変えているからです。麦飯とろろ汁の味も変わっていますが、お客様から言われたことはありません。

血で繋がり、土地で繋がり、育つことで、味の絆が生まれてくるのです。この絆があるからこそ、変えるものと守るべきものがわかり、大きく変化することはありません。

「老舗」というのは、革新の連続で生き抜いた商いの結晶です。その革新もまた、先ほども触れましたが大きく変化させるのではなく、少しずつ、少しずつ、ほんの少しずつ変えていくことが成功の秘訣です。「守る」とは、保守になることではなく、どんどん革新することなのです。そうしませんと潰れてしまいます。これは、私たち老舗だけの話ではなく、どんな組織であれ同じではないかと思います。

平八茶屋の主菜が麦飯とろろ汁であることには、すでに触れました。その主菜を美味しく食べてもらうために、他の料理があります。

もともと、四百四十年前の創業当時は麦飯とろろ汁だけだったと聞きます。しかしそれに加えて、「近くで柿がとれた」と言って食後に柿を出したり、近くの高野川や琵琶湖で獲れた川魚を煮炊きしたりするなど、他の料理をお出しするようになったのだと思います。麦飯とろろ汁に、後からいろいろと加えて、次第にいまのような料理になったのでしょう。

最終的に麦飯とろろ汁を美味しく食べてもらえる料理をお出ししています。料理と麦飯とろろ汁がまったく離れたものであってはなりません。極端な話を例にしますと、先にスープとステーキを食べて、その後に麦飯とろろ汁だと合うはずがありません。

夜のコースでお食事を楽しまれているお客様がよくおっしゃいます。「もう、お腹いっぱいで食べられへんわ」と。

そんな時に、「お客様、大丈夫です。とろろの中には、ジアスターゼという消化酵素が大根よりはるかに多く含まれていますので、消化剤を飲んでいるようなものですから、お腹パンパンになっても食べてください」と、私はお話しします。

それで食べ終わり、お帰りになる頃には、「ほんまや」とお客様がおっしゃいます。昔、旅人が麦飯とろろ汁を食べて旅立ったわけですが、麦飯とろろ汁は食べやすく、消化もよい最適の料理だったと思います。お腹がいっぱいで「動けへんわ」となっても、麦飯とろろ汁はスーッと入ってきます。しかも、植物性タンパク質の栄養価も高いのです。

私は、平八茶屋の創業者に敬意を表しています。当時はジアスターゼや、植物性タンパク質などといった栄養素の知識もなく、消化剤の役割も果たすという分析などできなかった時代ですが、生活の知恵として麦飯とろろ汁の効用を知り、「お客様にお出ししてみよう」と考えたところに、頭が下がる思いがします。四百四十年後の私たちは、その創業者の知恵で日々家業を営み、多くのお客様のご厚意で生かされています。

かま風呂と壬申の乱、そして平八茶屋

平八茶屋は料亭ですが、四組限定で宿泊ができる離れを用意しています。客室からは平八茶屋の庭園が望め、高野川のせせらぎが聞こえる、まさに京都の奥座敷のような風情があります。

宿泊されるお客様に楽しんでいただいているのが、「かま風呂」です。昭和の頃はかま風呂を提供するお店が洛北を中心に三、四軒ほどあり、この一帯は「かま風呂の里」と呼ばれていました。しかし、現在、京都においてかま風呂を提供するのは平八茶屋などわずかになりました。常時入れるというのは、日本全国でうちだけではないでしょうか。

かま風呂というのは、いまのお風呂とは異なる特殊な風呂です。雪のかまくらのような竈《かま》になっています。入り口が小さくて中が広い状態です。床にはむしろが敷かれ、蒸気で室全体を温めていきます。

かま風呂というと、和製サウナと思われる方が多いのですが、ひと言で言うと蒸風呂です。サウナ風呂は湿気が少ないので百度近い温度ですが、平八茶屋のかま風呂は少し湿気がある状態で、

五十度くらいになっています。心地よい温度で温めるので、サウナのようにカアーッとすることもありません。

サウナは高温でかなり我慢しながら汗を出しますが、かま風呂は敷かれたむしろの上にダラーっと寝っ転がっていただくと、じわじわと汗が出てきます。ゆっくりと疲れをとるお風呂です。

このかま風呂の起源は古く、その発祥は日本の古代史史上、最大の内乱と言われる「壬申《じんしん》の乱」(六七二年)の頃という言い伝えがあります。壬申の乱とは、天智天皇の息子である大友皇子と弟の大海人《おおあま》皇子の戦いです。大海人皇子が勝利を得て、天武天皇になりました。

天智天皇は当初、大海人皇子を皇位継承者・皇太弟としましたが、しばらくして皇位を長男の大友皇子に譲りたくなりました。その布石として、六七一年に太政大臣を新設し、大友皇子を任命しました。皇太弟である大海人皇子を政権から排除するようになったのです。危険を感じた大海人皇子は強い不満を抱きながらも、己の身を守るために出家しました。

天智天皇没後、大友皇子と大海人皇子の間で戦端が開かれます。その大海人皇子が戦いで背中に矢傷を負って、大原の里近くの八瀬村《やせむら》へ隠れ住んだという言い伝えがあります。八瀬村は平八茶屋の北の方角にあたります。

八瀬の村人たちがその矢傷を癒すために、土の室をつくり、その中を温めて治療したのが、かま風呂の起源と言われているのです。それ以降、この地域は、かま風呂の里と呼ばれるようになりました。

少し脱線しますが、八瀬という地名は、大海人皇子の背中に矢があったので「矢背」という名がついたと言われています。また、このあたりの沢に多くの瀬があったから「八瀬」とも言われ、「矢背」と「八瀬」、二通りの言い伝えがあります。その他にもいろいろな由来があり、八瀬はとても神秘的な里です。

八瀬村には、「八瀬童子《やせどうじ》」という集団がありました。八瀬童子は、朝廷の行事などに深く携わってきました。

伝説では最澄が使役した鬼の子孫とも言われています。長い髪を垂らして子どものような姿であったため童子と呼ばれていたそうです。八瀬村は昔から年貢なども免除されていた特殊な地域でした。

かま風呂は、いまでは数も減り、この地でもほとんど見ることはありません。平八茶屋では「かま風呂の里」の伝統を引き継いで十八代の時代（昭和三十年頃）に新設されました。私が小学生の頃にかま風呂を造ったことをよく覚えています。

平八茶屋では、宿泊されるお客様にまずかま風呂に入っていただき、体の疲れをとって、浴衣

かま風呂外観　　写真:杉本幸輔

かま風呂内部　　写真:マスノマサヒロ

に着替えてもらってから、料理を召し上がっていただくというのが基本の楽しみ方です。かまは風呂にお入りいただき、移りゆく洛北の景色を楽しみながら料理を食べて、その後、ちょっと町中、祇園や上七軒《かみしちけん》などに出向いて楽しむというのが、風情があり、粋《いき》な過ごし方だと思います。

盗賊を撃退した平八茶屋のとろろ——壬生狂言

京都で長い歴史をもつ伝統芸能の一つに、壬生《みぶ》狂言があります。中京区にある壬生寺で毎年、演じられていて、鎌倉時代から続いていると言われています。演者が仮面をつけて無言で演じるもので、その独特な演技、演出法により、国の重要無形民俗文化財に指定されています。

演目は「炮烙割《ほうらくわり》」「紅葉狩」などがありますが、実は、この演目の一つに、平八茶屋が舞台となった「山端とろろ」があります。

「あるとき平八茶屋へ一泊した京のお大尽をねらって盗賊が押し入った。茶屋の下男がトロロのついたスリコギで渡りあったため、トロロが賊の刀の柄について手がすべって刀がぬけず、そのうえスリバチがひっくりかえってトロロに足をとられ、放々の態で逃げた」(『史跡探訪　京の七口』京都新聞社より)という場面があります。

平八茶屋の名物を題材としてこのような形で演じられ、長く人々の間に親しまれているというのはたいへんうれしいことです。

京に頼山陽あり

ここで、江戸時代から明治時代にかけてのさまざまな文化人と平八茶屋をめぐるエピソードをご紹介しましょう。

頼山陽《らいさんよう》という江戸時代の学者をご存じですか。頼山陽の書は、老舗の旅館、料亭の床の間に掛けられた掛け軸でよく見かけます。書に、「頼山陽」という名前が書かれてありますので、何をされた方かは知らずとも、旅好き、食好きの方であれば名前はご存じという方は多いかもしれません。

ここで、頼山陽五十二年の人生について簡単に触れます。頼山陽は安永九(一七八〇)年、大坂に生まれます。父・頼春水は広島藩の儒学者です。

頼山陽は生まれついての天才で、早くから文に秀で、歴史にも通じていたそうです。二十一歳の時に脱藩を企てて出奔しますがすぐに連れ戻され、自邸内に三年間、謹慎させられました。頼山陽はこの三年間を読書三昧で過ごし、後の『日本外史』の草稿をつくったと言われています。その後、京都に居住し、塾を開きました。

多くの文人、学者と交わり、その交わった中には、漢詩人の梁川星巌《やながわせいがん》や大塩平八郎らがおりました。とくに、大塩との親交は深く、大塩の本には序文を寄せたりもしています。

『日本外史』は源平二氏から徳川氏に至る武家の興亡を武家ごとに記した歴史書で、当時、大ベストセラーになりました。

この時期から、「京に頼山陽あり」と言われるようになったそうです。

実は、『日本外史』の執筆時に、鴨川西岸にあった書斎「山紫《さんし》水明処《すいめいしょ》」から山鼻（山端）に足を運び、楽しんだようでした。漢詩が残されています。

「遊山鼻」
隔水霜林密又疎　理筇恰及小春初
野橋分路行穿竹　村店臨流喚買魚

水を隔てる霜林　密又疎なり　杖を埋めて恰
も及ぶ小春の初め
野橋　路を分ちて行くゆく竹を穿ち　村店
流に臨で喚んで魚を買う

酔後索茶何待熟　談余得句不須書
聯吟忘却帰途遠　点点紅燈已市閭

酔後　茶を索めて何ぞ熟するを待たんや　談余　句を得て書するを須いず
聯吟　忘却す帰途の遠きを　点点の紅灯　已に市閭

ここに書かれている「村店」とは平八茶屋のことで、茶屋に近づくと魚を売り買いする声が聞こえる。平八茶屋で呑み、楽しみ、帰り道を歩いていると、遠くに町の灯りが点々と見えている、というような内容です。

この漢詩から、頼山陽が平八茶屋で遊んだことが伝わってきます。彼は京都の中でもとりわけこの一帯が好きだったようです。

頼山陽の居住地から、山端までは六キロから七キロくらい離れていました。頼山陽は平八茶屋の料理を愛し、その行き帰りの散策の中で『日本外史』の構想を深めていたのかもしれません。

『日本外史』は、頼山陽の死後、幕末の時期に、攘夷《じょうい》派の志士たちの愛読書になっていきます。井伊《いい》直弼《なおすけ》が幕政強化のために起こした「安政の大獄」で獄死した幕末の志士・頼三樹《らいみき》三郎《さぶろう》は頼山陽の三男でした。

岩倉具視、平八茶屋では「具《ぐっ》さん」

幕末を迎えると、平八茶屋の周囲も騒がしくなってきたようです。討幕運動の指導者の一人と言えるのが、下級の公家だった岩倉具視《ともみ》です。若い頃から血気盛んな公家だった岩倉具視は、安政五(一八五八)年、三十三歳の時に、その一端が伝わる動きを残しています。それは、幕府老中堀田正睦《まさよし》の日米修好通商条約の勅許《ちょっきょ》要請に対して、公卿八十八人と結束して反対したことです。岩倉は幕府から政治の主導権を奪い、朝廷に取り戻そうと考えていました。

また、井伊直弼が暗殺された桜田門外の変後、岩倉は公武合体を唱えて、皇女和宮《かずのみや》を十四代将軍の徳川家茂《いえもち》のもとに降嫁《こうか》させることを斡旋します。岩倉は、孝明天皇の側近として縦横無尽の活躍をしました。しかし、和宮降嫁後、朝廷内での力を失い、文久二(一八六二)年には辞官し、洛北の岩倉村に蟄居《ちっきょ》しました。三十七歳の頃でした。

しかし、黙って蟄居している岩倉ではありません。公武合体では手ぬるいと考えた岩倉は討幕を志し、諸藩の志士と通じて、討幕運動を進めていました。そして、慶応三(一八六七)年に蟄居が赦されると、西郷隆盛、大久保利通らと王政復古を画策したのです。同年に王政復古の大号令が出されたのは、皆さんご存じの通りです。

維新後は、明治四(一八七一)年に廃藩置県を断行し、右大臣になりました。その後、大久保利通、木戸孝允《たかよし》、伊藤博文ら数多くの維新の功臣を引き連れ、「岩倉使節団」として欧米の諸国を二年近くにわたり視察しました。岩倉はその特命全権大使でした。

維新政府の中でつねに中心にいた岩倉は、明治十六(一八八三)年に亡くなりましたが、「維新の三傑」である西郷隆盛、大久保利通、木戸孝允らよりも長く政治の任についていたのです。


さて、その岩倉と平八茶屋との関係は、岩倉村に蟄居していた文久二(一八六二)年からそれが赦される慶応三(一八六七)年まで続きました。平八茶屋十四代当主は、岩倉の名前である「具視」の「具」から、親しみを込めて「具《ぐっ》さん、具《ぐっ》さん」と呼んでいました。

当時の当主は、「あの方が維新以降、あれほど立派な方になるとは思わなかった」というのが、正直な感想だったようです。親しみを込めてお付き合いをさせていただいたと聞いております。

岩倉が蟄居していた岩倉村は、平八茶屋から数キロ離れていました。岩倉が平八茶屋に足繁く通っていたのには事情がありました。現在の同志社大学のあたりにあった薩摩藩の藩邸と岩倉村のちょうど中間地点である平八茶屋を隠れ家のようにして、志士たちと密会を重ねていたからです。

岩倉と薩摩藩の連絡のやり取りも、時には平八茶屋を経由していたようです。岩倉宛の薩摩藩からの密書が、平八茶屋に遺っています。

密会の場所として、平八茶屋ほど安全なところはありませんでした。京都の町中では、新撰組などの目が光っていますが、ここでは町中と違い近くに家もありませんから、どこかに見張りを出しておけば新撰組に踏み込まれる心配もなく安全だったのです。

しかも、平八茶屋のすぐ側には、高野川が流れていますから、逃げる時にも都合がよかったようです。坂本龍馬の場合には、鴨川沿いに逃げ道があったと言われていますが、それと同様のことです。

平八茶屋の母屋の玄関の脇にある柱には刀傷が残っています。幕末につけられたと言われているものです。

この刀傷は、平八茶屋に切り込みがあったわけではなく、岩倉や薩摩藩との繋がりのある料理屋であったことから新撰組の嫌がらせだったと考えられています。新撰組はここで両者が密会しているという情報をつかんでいましたが、なかなか現場を押さえられず、苛立ち、酒に酔った隊士が嫌がらせのつもりで切りつけて帰ったと代々言い伝えられています。

この刀傷を見ると、勤皇の志士も新撰組もともに日本の将来を憂い、命をかけて戦い、その熱い想いによって近代日本の夜明けが訪れたのだろうとしみじみ感じられるのでした。

母屋の入り口に残る刀傷

京都の老舗の旅館や料理屋には、このような歴史的な建造物が多くあります。伏見の「魚三楼《うおさぶろう》」には、鳥羽伏見の戦いの時の銃撃戦の跡が残っています。歴史のある店や建造物には、こうした歴史の記憶が残ることになるのです。

平八茶屋、明治の情景
――川魚料理と夏目漱石

江戸時代の「京の七口」の一つ、大原口から日本海に面した小浜までの十八里(約七十キロ)の道は若狭街道、別名〝鯖街道〟と言われて、この街道が京都にとって食の大動脈の役目を担っていたことは、すでにお伝えした通りです。

京都では、鯖寿司以外にも、焼き物にしたり、煮つけにしたり、味噌煮にしたりと鯖をよく食します。鯖寿司はお祭りには欠かせない一品です。バラ寿司や鯖の姿のままの棒寿司などがあります。

平八茶屋に人と荷物が集まり、自然と市ができました。そして平八茶屋は麦めし茶屋から料理屋へ変貌していきました。

しかし、明治時代になって京都―小浜間の鉄道が敷かれ、千三百年続いた鯖街道の役目は終焉

明治時代の母屋　　写真：平八茶屋所蔵

明治時代の座敷　　写真：平八茶屋所蔵

を迎えます。小浜の魚は直接京都駅に運ばれるようになったのです。平八茶屋の前を通っていた街道は意味を持たなくなり、平八茶屋はその後、川魚料理専門店になりました。

以後百年間、私の父親の十九代当主まで川魚料理専門店として商いを行います。鉄道の開通が、平八茶屋の商いの中味を変えていったのでした。これもまた、「明治」という新しい時代が引き起こした変化でした。

平八茶屋の川魚料理をこよなく愛したのが、夏目漱石でした。『吾輩は猫である』『こころ』などの作品で広く知られる森鷗外と並ぶ明治、大正時代の大文豪です。

漱石は慶応三(一八六七)年、江戸牛込馬場下で生まれました。数代前から続く町方名主の末子として生まれ、名は金之助。京都とは縁もゆかりもない生まれ育ちでした。

明治二十二(一八八九)年、漱石は正岡子規《まさおかしき》と出会います。漱石に大きな影響を与えることになる子規は、漱石と同級生でした。

漱石は、この親友と明治二十五(一八九二)年に平八茶屋へ来店したようです。子規の亡くなった後も、その弟子の高浜虚子《たかはまきょし》を連れて京都の想い出の地、平八茶屋に来店したことが日記に書かれています。

漱石は『虞美人草』の巻頭に、「今日は山端の平八茶屋で一日遊んだ方がよかった」と綴っています。この一文に、漱石の子規に対する友情や高浜虚子に対する想いがこめられているように私は感じます。『虞美人草』は明治四十(一九〇七)年に、作家としての道を歩み始める第一作目となった小説でした。

漱石は、京都の町中から平八茶屋にどのようにして来たのでしょうか。明治時代になっても、ここはかなり不便な土地でした。自動車のような乗り物などはまだなかった時代ですから、先ほどの頼山陽の時代同様、漱石もおそらく徒歩で来たのだと思います。

若き日の漱石と子規、その仲間たちは、東大のあった本郷から鎌倉まで徒歩で遊びに行ったようです。当時の日本人の徒歩は、現在の私たちのそれとは比べものにならないくらいに速いものでした。

平八茶屋に来るというのは、おそらく気軽な小旅行のような感じだったのでしょう。京都からいちばん近い行楽地のようなものだったと思います。

「川魚料理」と「夏目漱石」のエピソードによって、平八茶屋の明治時代が映し出されているように思います。

魯山人に「これは代々平八の炊き方や!」

北大路魯山人は書家であり、画家であり、陶芸家であり、料理人であり、そのいずれもが超一流の域に達した他に類を見ない天才的な芸術家でした。

魯山人は、明治十六（一八八三）年、京都の上賀茂神社の社家《しゃけ》に生まれました。平安京がおかれるずっと以前から京都にあった上賀茂神社は、京都の三大祭りの一つ葵祭《あおいまつり》（賀茂祭）で有名です。

さて、魯山人は親のもとで育てられることなく、養家を転々とするなど、幼少期は苦労の連続でした。そのような境遇の中でも、食に対する関心は強く、自ら工夫して美味しいものをつくろうとしていたようです。

さらに、魯山人は食だけではなく、書にも才能をみせました。転機は大正八（一九一九）年、三十六歳の時に訪れました。古美術骨董を扱う店を共同で始め、店で扱う器に料理を盛りつけ、ふるまうようになりました。

魯山人は最高の食材を使い、調理し、一級の器に盛りつけて、人々に食を提供していました。その料理、器との取り合わせの妙は、評判に評判を呼び、会員制の「美食倶楽部」へと発展していきます。大正十二（一九二三）年、関東大震災で店舗を失った後は、この会員制組織を会員制料亭へと進化させます。それが伝説の「星岡茶寮《ほしがおかさりょう》」でした。「星岡」は、現在の千代田区永田町二丁目のあたり、日比谷高校がある一帯の地名でした。

魯山人は、料理を盛りつける器を自ら制作するために「星岡窯《せいこうよう》」を鎌倉に開き、陶磁器制作に力を注いでいくことになりました。晩年まで、星岡窯で作陶に取り組んだ魯山人は、昭和三十(一九五五)年に「人間国宝」の認定を受けることになりますが、それを辞退しました。

さて、この魯山人と平八茶屋の繋がりは、次のようなものでした。

平八茶屋の近くに「松ヶ崎」という地域があり、その松ヶ崎に当時、富豪の内貴清兵衛《ないきせいべえ》が住んでいました。内貴氏は、竹内栖鳳《たけうちせいほう》、富田渓仙《とみたけいせん》や土田麦僊《つちだばくせん》などの日本画家や文人たちのパトロンとして有名でした。その書生の一人として、若き日の魯山人もお世話になっていたと聞いています。内貴氏は、食にかなりのこだわりを持たれた方で、平八茶屋の料理や老舗料理屋「大市《だいいち》」のすっぽん料理、同じく老舗の懐石料理屋「ちもと」の京料理等、夕食には必ず料理屋の一品を召し上がったそうです。その折に、料理屋に料理を取りに来るのは魯山人の役目でした。その頃から頻繁に料理屋に出入りし、京料理の基礎を学んだと思います。

平八茶屋の十八代当主とは親交が深く、魯山人が芸術家として高名になってからも、京都へ来るたびに自身の作品を手土産に置いていきました。そのため、平八茶屋には魯山人の作品が数点、残っています。

魯山人は晩年、あまり書を書いていなかったそうですが、十八代当主の還暦の折には、晩年には珍しい自筆の掛け軸が贈られています。

魯山人の掛け軸

左から十八代平八，
内貴清兵衛，魯山人
写真：平八茶屋所蔵

そこには、「とろろやの主ねばって六十年平八繁昌子孫萬采」と書かれていました。このような細やかな気遣いをされる方でもあったようです。

そういう魯山人との親交で、次のようなエピソードがありました。私の父親、十九代がまだ若い頃の話です。「ごりの飴炊き」事件です。魯山人が十八代当主に会いに来られた際に、珍しく調理場のほうから入られたようで、若き日の父がごりを炊いている姿を見つけました。魯山人は父に近づき、眺めていたようです。

父は大正七(一九一八)年生まれで、魯山人とは三十五歳の歳の差がありました。その魯山人から、「ごりの飴炊きに砂糖を入れてはいけない!」と叱責されたと父は言っておりました。当時の魯山人はおそらく酒、味醂、濃口だけで炊いていたのかと思われます。

しかし、平八茶屋では代々、酒、味醂、濃口、たまり、そして砂糖で味付けをしておりましたので、父は「これは代々平八の炊き方や!」とすぐに反論し、魯山人の言葉に耳をかさなかったということです。日本随一の食通として知られる魯山人に反論するなどということは、当時は考えられないことでした。

父親もこの事件のことが忘れられないのか、「当時の魯山人に文句を言ったのは、わしぐらいやろなぁ」と晩酌している時に、たびたび私たちに話してくれました。一代の傑物に対しても決して臆することなく、伝統の技を変えることはありませんでした。

あの魯山人が父の「これは代々平八の炊き方や！」の発言に怒りもせずに引いたのは、その発言に伝統の重みを感じたからではないでしょうか。食に関しても超一流の域に達していた魯山人にとって、伝統の重みとは未知の領域だったのかもしれません。

秀吉の時代に完成した本膳料理を再現

老舗料理屋の当主は、一流料理人であることはもちろんのこと、イベントプロデューサーでなくてはなりません。老舗料理屋の歴史の中に現在との接点を見つけ、さまざまにチャレンジするアイディアマンの要素も必要なのです。

たとえば、私の場合ですが、次のようなことがありました。それは、「平成八（一九九六）年八月八日」。平八茶屋の「八」の数字が並ぶ日を記念して、お客様の記憶に残る料理を召し上がっていただきたいと考えました。そのため、いろいろと試行錯誤を重ねておりました。

ある時、ふっと浮かんだのは、平八茶屋創業期の安土桃山時代に、織田信長や豊臣秀吉が饗応膳として完成させた本膳料理を現代風に再現しよう、というものです。

そもそも本膳料理は室町時代に形式が確立されて、安土桃山時代に花開いた料理でした。当時の信長や秀吉は、公家や臣下の大名を招き、己の権力を見せつけるための政治的演出を目的としていました。その演出のための本格的儀式料理だったのです。

本膳料理はその後、江戸時代になるとさらに華美になります。本膳料理は、中国の満漢全席と同じように、一昼夜食べ続けても、食べ切れないというくらい量の多いものでした。そのような料理を現代風にして料理屋で食い切りにすることにしたのです。

まずは古い文献を取り出し、本膳料理とはいかなるものか、なぜ衰退したかを調べてみました。当時の饗応膳としては最高の料理で、饗応の宴は三日かけて行われることもあったと言われています。その献立の中には懐石の取り回しや、当時珍しいぶどう酒（ワイン）が見られます。その後、武家社会で一般的になる会席料理の要素が含まれていきました。婚礼料理の後に持って帰る鯛の姿焼や、折に入れて持ち帰れるような料理も含まれています。本膳料理は、現在、いろいろな形式に分化し、その形態が残っていると考えられます。

それでは、なぜ衰退したのでしょうか。理由の一つは、食事の時間の長さと食べ残しの多さで大変無駄が多かったためではないでしょうか。そのため、平成に再現しました本膳料理は、本膳料理の形式をできるだけ残して食い切り料理にしようと決めました。普通の懐石料理ですと、食

再現された本膳料理　　写真：山本浩之

べ終わるのに二時間ほどですが、平成の本膳料理では三時間ほどで食い切れる分量で献立を立てたのです。

本膳料理には、武家本膳、公家本膳がありますが、私は「町家本膳」というオリジナルの名前をつけました。昔の文献を調べておりましたら、町衆が自分たちで楽しむために拵《こしら》えた本膳料理の献立が載せられていました。この献立をヒントにして、町人文化が栄えた文化・文政時代の武家本膳に、お茶事の趣向を取り入れた「町家本膳」として本膳料理を再現しました。

最初は、ろうそくの明かりのもと、形式にのっとった食事作法を楽しみ、次第にくだけて酒宴の席をお楽しみいただければと考えました。本膳から始まるお料理は、一の膳、二の膳、三の膳へと順に続き、全部で二十三品にも及びます。茶懐石とも異なり、これは独特の面白味があります。いままでにない料理の形が表現された瞬間でした。

時代考証については、龍谷大学教授だった宗政《むねまさ》五十緒《いそお》先生にお願いして、箸《はし》は禁裏《きんり》御用《ごよう》・宮内庁御用達である市原平兵衛商店の市原平兵衛氏に指導を受け、献立は茶懐石「柿傳《かきでん》」の木村淳郎《あつろう》氏に監修してもらい、器は伊万里焼を得意分野とされる加藤静充《きよのぶ》先生に指導を受け、完成いたしました。

この本膳料理を召し上がった皆さまは一様に感動されて、私が目指しております感動の料理の一つになったのではないかと思っております。

平成八(一九九六)年八月八日から期間限定でお出しした料理ですが、いまでも時々ご注文いただくことがあり、要望に応じてこの本膳料理はご提供させていただいております。お召し上がりになる三日前までに、四人以上でしたらご予約が可能です。

時代の流れにしなやかに合わせ、その風潮には迎合しない

平八茶屋の二十人目の当主である私の信条は、「時代に迎合せず、時代に必要な料理と店づくりをする」というものです。

「時代に必要な料理と店づくり」とは、時代の流れを敏感に感じ取り、己の腕と才覚で店を繁盛させるという意味です。安易な迎合を私が嫌いますのは、そのことで己の腕と才覚を曇らせてしまうからです。

こうして私は十九人の当主同様、平八茶屋の暖簾を守ってきました。本章の中で、「守る」とは、つねに革新の連続で攻め続けることだと申し上げました。いまもその気持ちに変わりはありません。その結果、平八茶屋の歴史は続くと信じております。

「平八茶屋」四百四十年の歴史は、飲食店という業種は変わらないものの、時代ごとに変化の風を敏感に感じ取り、代々の後継者が業態を変化させ、暖簾を掲げ続けてきたものです。

創業以来の麦飯とろろ汁が主役で、その後に近くで取れた山菜を盛りつけたり、これも裏の高野川で獲れた蜆《しじみ》などでお椀をお出ししていました。私は、前にお出しする料理が川魚でも、ぐじを使った若狭懐石でも、また洋材のフォアグラやふかひれ、キャビア等を使った新しい京料理でもよいと思っています。

核になる麦飯とろろ汁を変えず、周りにあるものを変化させることが革新に繋がるのだと思います。これは食べ物に限らず、建物についても言えることです。寛政年間に建てられた母屋と大正時代の数奇屋造りは残す。その他の建物は、時代の変化に対応して新しくする。

料理も建物も、残すもの、新しくするものを区別して革新を続けていくのが、平八茶屋の商いの姿勢だと思います。

第三章

当主としての試練が始まる

大人しいけれど、負けん気は強い

第三章では、私の生い立ちを振り返ります。修業を乗り越えて当主になること、老舗料理屋を続けること、その難しさをはじめ、料理人として生きることの喜びを、私の人生を語る中でお伝えしたいと思っています。

子どもの頃から私は大人しい人間でした。上に姉が一人いて、私が真ん中で、下に妹が二人いました。男の子は私一人だけでした。両親から可愛がられ、大切に育てられたとのことです。しかし、ただ大人しいだけの子どもではなかったようで、周りからは負けん気が強い子どもに見られていました。中学生の頃の私は、自分で言うのも変な話ですが、学校の成績はかなり優秀でした。通知表は体育と音楽の四以外はすべて五という成績を修めていたのです。

ですから、上級生からしますと、「平八茶屋のぼんぼん」であるうえに賢いから、よく目を付けられていました。

「お前、生意気や」と上級生から難癖《なんくせ》をつけられた時には、おずおずと頭を下げていればよかったのですが、私にはそういうことができませんでした。自分に非がないのに謝ることなどできない性格でした。

中学生の頃は、校門の陰で私の帰りを上級生が待ち伏せしていることがたびたびありました。私は怖がることもなく、「どうやって逃げてやろうか」と考える子どもでした。放課後に、公開の決闘のようなことをやらされたこともあります。学校中のほとんどの生徒が見ている中で、上級生と一対一で勝負することもしました。

やはり負けん気が強かったからでしょうか。「頭を地べたにつけて謝れ!」と言われても、それは屈辱だから謝らない。謝る必要のないことには謝らないので生意気だということになる。そんな感じでした。そこで、私が手を出して相手をやっつけてしまい、手に負えないことになると、また相手がさらに仲間を呼んでくる、といったこともありました。

基本的には、大人しい性格なのですが、カッとなると喧嘩してしまうほど激しい性格も持ち合わせていました。その負けん気が強い性格が、高校時代はラグビー部、大学時代は空手道部に所属させたのではないかと思います。

高校は、ノーベル物理学賞を受賞した湯川秀樹博士、朝永振一郎博士らを輩出した府立洛北高校という進学校で、卒業後、立命館大学の経済学部に進学しました。

大学時代は、友だちの下宿を泊まり歩いて、一〜二週間、家に帰らないことがザラにありました。好き勝手な学生生活です。いまにして思うと、両親がそんな私をよく黙って見守っていたなと思います。

老舗料理屋の後継者と言うと、「学生の頃から家の手伝いをしていました」という発言を期待されるのですが、私はまったくそのようなことはありませんでした。私が大学生の頃は、平八茶屋の調理場の料理長の力が強く、後継者だからといってアルバイトとして調理場に入れるような雰囲気ではなかったのです。

当時、平八茶屋は園部家ではなく調理場で店を回していて、従業員だけで商売をしているような感じでした。仲居たちも意図的に、私たちよりも料理長の顔色を窺って仕事をしていました。

このような状態だったのは、当主だった父が病気がちで、入退院を繰り返していたからです。母は当然、父の付き添いでよく病院に通っていましたので、家の中は空のことが当たり前でした。そのような環境で私は育ったのです。

岐路の判断を仰ぐ

――人生の師・伊達一郎先生のこと

東京六大学野球のリーグ戦最終日程に早慶戦があるように、関西学生野球連盟のリーグ戦の最終日程には、立命館対同志社という立同戦が伝統の一戦として位置づけられていました。私は大学一回生の春に、一度だけ観戦しました。応援しながら、立命館大学に入学できた喜びを感じていたものでした。

しかし、その喜びは長くは続きませんでした。当時、日本全国の大学では、学生運動が活発化していたからです。いわゆる全共闘と呼ばれる学生運動です。しかも、関西の大学で学生運動が最も盛んだったのが、この立命館大学だったのです。学生運動の中で悩み、苦しみ、そして命を絶った高野悦子の『二十歳の原点』が大ベストセラーになりましたが、舞台はこの時代の立命館大学でした。

当時の学生は、思想的な運動家系と体育会系、そしてどちらにも属さずぶらぶら過ごすノンポリ系の三つに分かれていました。体育会系の学生は競技会があるため、クラブ活動に専念していましたが、一番始末に悪いのがノンポリ系でした。全共闘の闘争戦略の一つである大学封鎖により、大学は休講が多く、ノンポリ系学生は時間を持て余してアルバイトに専念したり、雀荘びたりになったり、ぶらぶらしている人が大勢いました。

その中の一人が、私でした。大学に通い始めて半年、思い描いていた大学生活とは違い、毎日のように休講の続く大学に失望した私は、一回生の夏には、「もう大学生活は必要ない。大学は私の居る場所ではない」と感じていました。

このまま大学にいても意味がないので、中退しようと考えました。「中退して料理人の修業に入ろうかな?」と迷っていた時に、恩師である伊達《だて》一郎《いちろう》先生に久しぶりに出会いました。

伊達先生は、私が小学校三年から中学三年まで通っていた塾の先生でした。それ以上に、私にとっては心の恩師でした。

そもそもの出会いのきっかけは姉の洋子でした。姉が小学校四年生の時、成績が上がると近所で評判だった伊達塾に通っていたのです。そして私も通い始めました。当時、私たち姉弟は伊達先生に親しみを込めて、「伊達さんの兄さん」と呼んでいました。塾があまりない時代で、伊達塾は非常に珍しい存在でした。

伊達塾の生徒たちは全員が頑張り屋で、学校の宿題はもちろん、塾の宿題も必ず勉強してきていました。わんぱく盛りだった私にはとても苦痛の毎日でしたが、伊達塾のおかげで小、中学校の成績がとてもよくなったのです。

私の迷いを伊達先生に伝えると、先生は「武ちゃん（私の旧名）、せっかく大学へ行ったのやし、四年間続けることを考えたらどうや。四年間過ごすことは、将来決して無駄にならへんと思う」と言われました。

信頼する伊達先生が言われたひと言で、私は四年間続ける方法を探りました。いま振り返りますと、大学の一回生の夏が、人生初めての岐路ではないかと思います。

立命館大学空手道部

中学、高校と体育会系で生きてきた私は、部活動で大学生活のやりがいを見いだそうとしました。部活にすべてのエネルギーを注ごうと決心したのです。夏が過ぎてから、半年遅れで、部活探しをしました。

高校時代、洛北高校でラグビー部だった私は、入学当初はラグビー部に入部を勧められていました。しかし、当時の立命館ラグビー部は二部リーグだったため、魅力を感じることができず、入部を断っていました。高校時代のチームメイトたちは、東京の早稲田大学や慶應義塾大学、京都ですと同志社大学といずれも一部リーグの強豪チームに入部していたのです。こうした経緯があるため、いまさらラグビー部に入部することはできませんでした。

立命館大学のスポーツ・格闘技部を見渡し、有名なところはないかと探すと、空手道部がありました。当時、関西では、「近大か、立命か、天理か」と言われるほどの強さを誇っていたので、空手道部に入部しようと思い立ちます。厳しいクラブで己の体を鍛え、精神力を磨きたいとも思い、入部を決めました。

私たちの時代は、空手道部に入部してから空手を始めるというのが普通でした。いまでこそ、高校時代から有名な空手選手をスポーツ推薦枠で入部させるのは当たり前ですが、当時は十三人の新入部員のうちで、経験者は一人だけでした。高校時代にラグビーや柔道、あるいは卓球をしていた人ばかりで、大学で初めて空手をする者がほとんどでした。

空手道部の練習ですが、立命館大学の場合は毎日、先輩部員に容赦なくしごかれました。寸止めではありません。先輩は相手をフルコンタクトでしごくため、相手が怪我をしないように手にタオルを巻いていました。私たちも上級生になった時には、一発で相手を倒すためにどうするかという練習を、後輩を相手にやっていました。しかし、人間というのは一発ではなかなか倒れません。

現在、試合形式の場合には寸止めで、当ててはいけないというルールになっています。蹴《け》りでも相手が痛みで唸《うな》ったりしたら、蹴ったほうが負けになります。しかし、私たちの時代は、顔面以外は当ててもよかったのです。相手に蹴りを入れて、唸らせたら勝ちでした。

当時、立命館の選手の髪はみな五分刈りで短くしていました。髪を長くしていて相手選手に頭をつかまれ、振り回されると、人の体は身動きがまったく取れなくなるからです。また、腹を蹴られて唸ったら一本を取られてしまうので、腹筋を何百回と行い、鍛えに鍛える日々でした。

「空手道部を辞めたら、大学も辞める」という覚悟で入部しましたから、練習はとてもつらく、しんどかったですが、辞めたいと思ったことはありませんでした。

中退と結婚、そして修業へ

昭和四十五(一九七〇)年は二十二歳の私にとって大きな転機となった一年でした。「大学中退と修業開始」、そして「結婚」という、人生における大きなイベントが一気に訪れた目まぐるしい一年だったのです。

この年の七月、立命館大学の四回生になっていた私は大学を中退し、夏から料理人として修業先に行くことを決断しました。中退を決めた理由は、卒業のための単位が四回生のうちには取れないことがわかったからです。卒業するためにはあと二十五単位を取得しなければならず、五回生としてさらに一年、大学に残らなければなりませんでした。

しかし、私には卒業と同時に料理人修業が待っています。大学を卒業するために留年する時間的な余裕がなかったのです。というのも、高校を卒業し、そのまま料理人修業に来た人間は十八歳から修業を始めていました。私の歳で、四年修業していたことになります。大学四年で卒業すると、二十二歳から修業生活に入ることになります。

もし一年留年すると、二十三歳からの修業になり、それでは遅すぎると思いました。私にとって、残りの二十五単位のために留年するよりも、中退でもいいので、できるだけ早く修業生活を始めることのほうが大切でした。こうして、五回生にならないと決めた時点で、大学の中退を決断したのです。

大学一回生の夏に一度、中退しようか迷いましたが、伊達先生のひと言のおかげで四回生まで大学生活を過ごすことができました。あの時、中退していたら、その後の大学生活も、厳しくも充実した空手道部での活動も、体験できなかったでしょう。大学時代の経験が、私の人生で大きな礎《いしずえ》になったことは間違いありません。卒業証書はありませんが、自分の大学生活に悔いはありませんでした。

七月に大学を中退した私は、その年の十一月に結婚をします。この時期に結婚を決めたのにも理由があります。

本格的に修業生活に入ってしまいますと、その生活は最短でも三年続きます。修業中に結婚式をする余裕はありませんから、この時期を逃すと結婚は修業明けの三年後になってしまうのです。「それまで待ってほしい」と妻になる道代に語るのはあまりに申し訳なく、そのため結婚を急いだわけです。

妻とは、洛北高校の同級生でした。高校三年の時に付き合い始めましたが、立命館大学に入った当初、私の生活は荒れていたので、彼女とは別れてしまいました。

しかし、大学二回生の時、大学の仲間たちと車に乗っていた際に、妻の実家近くをたまたま通りかかりました。その時、偶然にも、私の目の前を、妻と妻の母親が通り過ぎて行ったのです。それが、一年半ぶりの再会です。彼女の姿を見たとき、「私はまだ彼女への未練がある」とハッキリわかりました。

その後、思い切って彼女の実家に電話を入れました。すると、彼女がその電話に出てきてくれました。一年半のブランクが埋められていく中で、私たちはまた付き合い始めます。

結婚の前年に祖父平八が亡くなり、彼女もお通夜、告別式にお参りに来てくれました。私の祖母が焼香に来た彼女を見て、「あの綺麗な人は誰や」と目を付けてくれました。その後、祖母に彼女を紹介した際に、祖母が「あの時の……」と彼女のことを覚えていたことも、結婚への後押しとなりました。

赤い糸で結ばれていたのか、さまざまな巡り合わせを経て、最終的には結婚する運びとなります。ただ、当初は妻の父親が結婚に反対していました。妻の父親は毎晩決まった時間に帰宅するような典型的な真面目な地方公務員でした。一方、私の父は業界の飲み会などがあれば、夜の十二時、一時過ぎの午前様で帰ってくることが当たり前でした。

私たち二人が育った家庭環境はまったく違うものだったのです。しかし、最後は、この結婚を許していただくことができました。

こうして平八茶屋に、料理屋に関係のない家庭で育った妻が入ってきました。私の母親も同じでしたが、こうした嫁選びも平八茶屋の伝統なのかもしれません。

「近新」での修業が始まる

大学中退、結婚を経て、二十二歳の私はいよいよ料理人としての一歩を踏み出しました。修業時代のスタートです。

修業時代の師匠は、新町《しんまち》の仕出し屋「近新《きんしん》」の吉岡米太郎《よねたろう》氏でした。師匠は、その後、料理業界では初の「京都府の現代の名工」を授与されるほどの料理人でした。

師匠のお店「近新」は、新町六角下ルの呉服問屋が集まる俗に言う室町界隈《むろまちかいわい》にありました。仕出しが中心の店で、呉服の展示会場へ毎日何十個、何百個と弁当を届けていました。私が修業を始めた昭和四十四(一九六九)年頃が室町の呉服業界の最盛期であり、それは取りも直さず「近新」の最盛期でもありました。

師匠は、細やかな細工物を得意としていました。毎日毎日下味をつけたおからを薄く切った豆腐の生地で巻いたり、明太子を湯葉で巻いたりと、本当に細かい仕事が多かったのです。「近新」の名物は子持ち諸子《もろこ》の昆布巻でした。この「諸子の昆布巻」はよく売れたので、私たち弟子は毎日のように昆布を巻いたものです。酒、水を加え、昼夜コトコトと水煮をし、次の日の夜に料理人が帰った頃に師匠が味を整え、弟子たちが朝来て見ると昆布巻が仕上がっているという状態でした。

長年いる番頭さんでさえ、「仕上げ工程はまだ見たことがない」というぐらい、仕上げを誰にも見せない職人気質が師匠にはありました。

師匠には料理人としての生き方、基本姿勢など、根っこをつくっていただきました。

さて、修業を始めた私の仕事は、庖丁などを持たせてくれない、いわゆる丁稚《でっち》仕事でした。午前七時、店の格子のふき掃除から一日が始まります。

掃除が終わるとすぐに朝食です。冷飯に熱い茶をかけ、おかずは漬物だけという質素なものでした。平八茶屋の料理人たちは、熱い白飯に味噌汁とたくわんに加えて、魚のアラなどをおかずにするのが朝食でした。しかし、師匠のご家族の方たちも私たちと同じものを食べていたので、文句など言えるものではありませんでした。

調理場の片隅で茶漬けを腹に流し込み、さっそく仕事にかかりますが、その仕事は前日、弁当を仕出しした店へ鉢上《はちあ》げに行くことでした。鉢上げが終わりますと、器洗いです。器洗いが終わりますと、今度は弁当の出前と、午前中には調理場で仕事をすることは一切ありませんでした。そして、午後二時頃に簡単な昼食を取ります。ハマチや鯛のカマを塩焼きにして、うどんをよくこしらえていただきました。朝食よりは豪勢でした。その昼食を、また調理場の片隅で取り、夕方六時まで数時間にわたって調理場で野菜の下ごしらえをします。これが一日の修業の流れでした。

仕事が終わり、平八茶屋に帰宅すると、ちょうど平八の店は忙しい時間帯です。妻は店に出て手伝い、私は一人でテレビを見ながら晩酌しつつ、晩飯を食べて一日の疲れを取り、翌早朝からの修業にそなえました。このような生活が三年間、続きました。

修業時代の思い出は、鉢上げと洗い物と出前だけ、それしか覚えていません。しかし、この三年間で、老舗料理屋の息子としての甘えは完全になくなり、修業を終えて家に戻った頃には料理人の卵としての心構えをつくっていただいたといまでも感謝しています。

修業時代の苦労は、年下先輩との関係

修業生活の一年目で一番つらかったこと、それは一年先輩との関係でした。私は二十二歳で、一年先輩は十九歳でした。先輩は高校を卒業してすぐに「近新」に入った方で、私より三歳年下ですが、私たちの世界はひと月でも先にお店に入ったほうが年齢に関係なく先輩でした。

一年先輩の彼は、入ったときから「園部、園部」と私のことを呼び捨てにし、「お前、あっち行け、こっち行け」と指図してきました。大学を中退するまで、私は空手道部では最上級生で幹部で、後輩からは神様みたいに思われていた立場の人間でした。ところが、修業生活が始まると今度は逆に三歳年下の先輩に呼び捨てにされて、それを我慢するのがとてもしんどかったのです。

先輩の彼も、別に悪気があって私を呼び捨てにしているのではなく、彼もまた業界の決め事にしたがってそう呼んでいただけなのです。そういうものだと頭の中ではわかっているものの、その切り替えが素直にはできませんでした。

さすがに見かねたその店の方が、「呼び捨てではなく、君づけにするように」と注意してくださり、三歳年下の先輩は私を「園部君」と呼ぶようになりました。

修業が始まって一年ほど経った頃、この先輩と私は、ある事件に見舞われます。

私は先輩が運転する配達の車の助手席に座っていたのですが、出会い頭で先輩は対向車に接触しかけてしまったのです。すると、先輩は大きな声で、「何やっとるんや！」と車を降り、先方の車に対して文句を言いに行きました。

ところが、乗車していたのはガラの悪い二人組で、先輩は逆に胸倉をつかまれてしまいます。その表情は困惑しきり、震えてしまっていました。その様子を見ていた私は「仕方ないな」と独り言を言いつつ、助手席から降りて二人組に近づきました。

「すいません、お兄さん、そのくらいにしといてやってください。まだ、配達の途中で仕事があるので、勘弁してください」と謝りました。しかし、二人組は一度着火した怒りの感情をすぐに抑えることはできないようで、「なんじゃー」と怒鳴ってきて埒《らち》が明きません。

そのすごい剣幕から、「これはやり返さないと終わらないな」と感じましたが、私は動じませんでした。私はつい一年前まで立命館大学空手道部でした。内心、「二人くらいどうってことない」とさえ思っていたのです。

二人組も、私の胸倉をつかんだ瞬間に、何か違うと察知したようでした。私は二人組に対して、自然と八方目《はっぽうもく》の目つきになっていました。八方目とは、視点を対戦する相手の目に固定した状態で、わずかな視線の揺れで周りの状態を把握するという武道ならではの視線です。八方目になると、当然、目つきは鋭くなります。

二人組もその目つきから力の差を感じたのか、手を放し、「気ぃつけて帰れ」と幾分引いた声で捨て台詞を吐いて、引き返していきました。喧嘩慣れしている相手ですから、私の様子から咄嗟にわかったのだと思います。

この事件が転機となり、先輩は私に対して、「園部さん、ありがとうございました」とお礼を言い、その時から「さん」づけで私を呼ぶようになったのです。

修業生活も一年も経つと、年下の先輩から「君」づけで呼ばれることに慣れてきて、以前ほど屈辱と思わなくなっていました。しかも、年下であっても先輩として仕事ができることを幾つも知っていました。

しかし、それ以降は、先輩は「園部さん、園部さん」と、私に対して少し引いてくれる感じになったのでした。

修業で大切なのは、技ではなく心

「近新」で丁稚仕事をした三年間、私は一度も庖丁を握らせてはもらえませんでした。

師匠の吉岡氏には、「修業とは庖丁を持たせるだけではない」との信念があり、その信念に私の父・日出雄も共感していました。

私は最初、「近新」で修業をするつもりはありませんでした。しかし、父と吉岡氏は友人同士で、ともに「二日会《ふつかかい》」という京都老舗料理屋の懇親会の会員でした。この会は現在でも続いており、料理屋の当主が集まって、会員の料理屋を回って食事を味わうことをしています。他に瓢亭、中村楼、美濃吉、菊乃井などの錚々《そうそう》たる料理屋の当主の方が会員に入っています。

この会の席で、父は吉岡氏に、「うちの息子を修業に出したいので、どこか探してほしい」と頼みました。「京都の料理屋だと、平八茶屋の息子が修業するとなると、気を遣い、煙たがって、嫌がりますので」と、父は吉岡氏に話したようです。この話を吉岡氏はどう勘違いされたのか、「では、うちに明日から来い」ということになりました。

丁稚仕事の三年間というのは、「追廻《おいまわし》」の三年間でもありました。「箸もってこい」「器を下げろ」などと、先輩に追廻されて雑用する仕事がほとんどです。「追廻」とは「使い走りをする者」という意味ですから、修業生活はしたものの、庖丁を扱う料理の技術は身につきませんでした。

そのような下積みの経験が大切なことは理解していましたが、庖丁が扱えなければ料理人にはなれません。庖丁を持っての修業は毎晩、平八茶屋に帰ってから一人で行っていました。

仕事が終わり部屋に帰ると、台所から庖丁を持ってきて、自分で野菜の皮を剝《む》くわけです。まずは、大根のけんを早く剝きたいと思い、その練習を繰り返しました。それが、最初の庖丁を使っての修業でした。

父と吉岡氏が考えた修業は、技術の修得ではありませんでした。いわゆる「他人の飯を食う」ことの大切さを知ること、これが最も大事な修業だったのです。「他人の飯を食う」ことで、老舗のぼんという甘えをなくし、ものを習得するための心を整えることができました。

平八茶屋以外のお店で修業することなしに、後継者をすぐに平八茶屋の調理場に立たせても絶対に長続きしません。上の者から何をされても、何を言われても、グッと耐えて我慢する、努力するための心をつくることが修業の目的でした。

平八茶屋で深夜一人の庖丁修業

「近新」での三年の修業を終えて、平八茶屋に入った私は二十五歳になっていました。他の料理屋で三年も修業しても、別の料理屋に移ればまた一からの丁稚仕事になります。平八茶屋の調理場で一番若い料理人は高卒だったので、十九歳から修業を始めて五年が経ち、二十三歳でした。丁稚を終えて、すでに庖丁を使う仕事をしていました。

私は年下の料理人から指示を出されて、洗い物やご飯をかしたり(米を炊く準備をすること)、漬物を盛ったりしていました。これは、京都の料理人にとっては当たり前のことでした。

ただ、二十五歳になった私は、料理の専門用語もよくわかっていませんでした。たとえば、「切り溜《きだ》めを持って来い」と言われても、まったく意味がわからないわけです。「切り溜め」とは、器やでき上がった料理を入れる木箱のことですが、それが何かわかりませんでした。歳は重ねていますが、何もわからずにオロオロしていたのです。

これは経験者にしかわからない苦痛でしょう。

私は立命館大学で三年余り学生生活を送りましたが、私がいったん料理人を目指すという段階で、その学歴はむしろ邪魔なものになりました。

当時、京都の料理人で大学に通い、その後料理人を目指す人間はほとんどいませんでした。料理人の多くは高卒で、まだ中卒の人もいるほどで、先に入った人間が先輩となる世界です。どこの名門大学に通っていようと、すぐには庖丁を持てないわけです。

「近新」においても当初、三歳年下の先輩に顎で使われたわけですが、それと同じことが平八茶屋でも繰り返されました。料理屋の後継者というプライドもありましたが、その人間が料理の専門用語もわからず、何もできず、三つ四つ下の「先輩」に顎で使われるのです。これは本当に苦痛で、非常に情けなくも思いました。

「お前は見習いや」と言われて、給与も当時の大卒初任給は五、六万円でしたが、私は小遣いということで一万二、三千円くらいでした。大卒の五分の一くらいの給与です。私は後継者という特殊な形で入った見習いになりますので、高卒の見習いの初任給二万円よりも低い額でした。二重、三重に精神的につらいことばかりでした。ただ、だからこそ必死になれました。一日の仕事を終えると調理場で夜遅くまで、一人で黙々と庖丁修業をしました。人が一年かかるところを半年で習得しようと、寝る間も惜しんで庖丁の修業をしたものでした。

料理長と衝突した

私が平八茶屋の調理場に入った頃、父は病気がちで入退院を繰り返していました。この時期の調理場は、ものすごく雰囲気がよくありませんでした。料理長が自由に差配する調理場になっていて、創業家の園部家が一切関わることができません。文句も言えず、指導もできない状況だったのです。

この時期、料理長と仲居頭が店を切り盛りしていました。料理長は当時、四十歳ぐらい、まさに脂の乗り切った料理職人でした。

料理長が好き放題していて、店の物も平気で家に持ち帰るような、荒れた調理場になっていました。このようなことは書きたくないのですが、料理長は業者から袖の下を取ったり、業者は業者で鰻や鯉を注文すると八キロを十キロに偽って持って来たりといい加減な馴れ合いが蔓延していました。

そんな調理場に、「近新」で三年の修業を終えた二十五歳の私が入ってきましたから、自分の不正がいずれバレると思った料理長は、私を排除しようとやっきになりました。私を辞めさせようと悪態をついたり、プレッシャーをかけたりして、追い詰めてきたのです。それに、料理長と仲居頭に仕切られている店ですから、仕事をしていて「何でや」と思うようなこともたくさんありました。

しかし、私は老舗によくいる育ちのよいぼんぼんとは違い、生来負けん気が強い男なので、逆に意地でも辞めない心が生まれて、一年目で料理長ととうとう正面衝突することとなりました。父は入院していましたが、急きょ家に帰り、料理長と私を呼んで二人の話を聞こうとしました。その場で、料理長と私は言い合いになりました。その様子を見ていた父が、料理長に、「わかった、お前、帰れ」と言い放ちました。父は、まだ二十五歳の、丁稚働きをしていた息子の言を取りました。

もし、あの時、父が料理長の言を選んでいたら、私は調理場にはいられませんでした。現在、こうして料理人でいられるのは、あの時の父のひと言があったからでした。

しかし、その翌日からは、当然のことですが、料理長の息のかかった料理職人たちは、「総上がり」と称して平八茶屋に誰も出てきませんでした。職人たちの抵抗です。

私一人ではどうにもなりませんので、予約が入っていたお客様には、八瀬にあった親戚の平八茶屋や近くの料理屋に行っていただき、この日は何とか凌ぎました。しかし、その後もずっと予約でいっぱいの状態でしたので、この状況を打開する義務があった私には、躊躇している余裕などありません。

私はすぐに調理場の二番手だった方に頭を下げに行きました。

「料理長に異議を言いました。この店の後継者ではあるものの、若輩の私が料理長へあのようなもの言いは問題ありますが、決して自分は間違っているとは思っていません。戻ってきてほしいです」

と、ただただ頭を下げてお願いしました。

「料理長との関係もあるでしょうから、この一年で新たな体制をこしらえるので、とりあえずこの一年でお願いしたいです」

私は必死に頭を下げました。そして、了解を得ました。二番手だった料理人の方は、その後二十年ほど料理長をつとめてくれて、六十五歳の定年まで平八茶屋に貢献してくれました。

それからすぐに、私は他の若い料理職人全員に頭を下げました。「戻ってきてほしい」とお願いしたのです。若手の料理人たちには、「平八茶屋をよい店にしたい、調理場をもっと活気ある場にしたい」と自分なりの抱負を述べました。

この熱意が通じたのか、結局、料理長以外全員が戻ってきてくれました。そのことが嬉しくて、ありがたくて、ホッとして、私は母屋の隅で、歯を食いしばりながら泣きました。その時から私も精神的に、それまでとまったく変わりました。

私はみんなの仕事を必死に見習いました。見習いとは、見て習うことです。いまの若者は、調理場で親切に「ああせえ、こうせえ」と指導されますが、私の時代はそんなこと言われませんでした。誰も教えてくれませんから、懸命に見て、その技を自分のものにするのです。

この日が、平八茶屋の後継者としての、本当の意味でのスタートでした。

試練は星の数ほど

「四百四十年続く老舗料理屋の後継者の方が、なぜそんなに波乱万丈になるのですか」と言われることがたまにあります。二十代も続くお店なので、もっと順風満帆で平坦な道を歩んでいる

す。と思われるかもしれませんが、そんなことはありません。お気楽に継いでいるわけではないので

平八茶屋だけが例外ではなく、他の料理屋でも後継者は大なり小なり同じような経験をしているはずです。後継者もまた、さまざまな葛藤と闘いながら生きています。私だけではありません。それなりに苦労して、一流料理人になっているのです。

中には、己の力を過信して、「自分の料理はこれや」と自慢する料理人もおりますが、私たちは料理人であるとともに経営者ですから、「これどうや」と言われても、お客様の口に合わなければ意味がありません。

私は庖丁の修業を二十五歳から本格的に始めました。三十歳頃までは、我を忘れて技術習得にはげむ日々でした。

他の料理人に追いつくために、部屋に帰ってからも、夜中に南瓜《かぼちゃ》やお芋を炊いてみたり、他の料理人の味付けを見様見真似で再現したりしていました。試行錯誤を重ね、三十歳を過ぎる頃には、自分が目指す料理をある程度つくれるようになりました。

先ほどの二番手だった料理長の後は、山本昇次が四十七年ほど平八茶屋の料理人をつとめてくれて、そのうち九年間は料理長として役割を全うし、最近退職しました。この間、多少の人の出

入りはありましたが、大きな変動もなく調理場を盛り上げました。

料理人として必死に学んでいた私ですから、お客様の食べ残しがあれば、なぜ残したのかが気になり、その原因が知りたくて食べ残しを食べてもみました。料理長を筆頭に調理場に立つ者は技術だけではだめなのです。お客様のほうをしっかりと向いて、お客様が美味しいと感じる料理をつくることが求められます。

私が料理長と衝突したことで、「総上がり」になった話をしましたが、時期は異なりますが、仲居さんのほうも、給与の改革問題で総上がりをして、私の母親と私の妻の二人だけになったことがあります。

それは、昭和五十二(一九七七)年に仲居の待遇改善を行った時のことでした。それまで仲居の給与は歩合制になっていました。当時、私たちの業界は歩合制が主流で、仲居の給与のほぼ九割は歩合制でした。

私は歩合制を月給制にしました。歩合制の場合、十月と十一月の繁忙期には一般企業の主任、係長ぐらいの金額になりますが、二月や九月の閑散期には繁忙期の三分の一ぐらいの金額に減ってしまいます。

これでは不安定な生活になると考え、歩合制から月給制に改革したのです。ボーナスは利益が出たら、年一回から二回、そして月給制は冬場の閑散期から実施し始めました。

閑散期に、例年の手取りの二倍の給与が支給されたので、仲居は喜んでくれました。しかし、秋口の繁忙期になると、昨年の手取りの二分の一の給与になるので不満が爆発したのです。

仲居がそこで、「歩合制に戻してほしい」と言ってきました。年収で考えたら同じことなのですが、何度説明してもわかってもらえませんでした。何度か説明会を持ちましたが、結局、理解を得られずじまいでした。仲居は「それなら全員辞めます」と言うので、仕方なく全員を解雇したのです。

しかし、仲居がゼロではお店は当然回りません。そこで、母親と私の妻の二人に仲居の代役をお願いしました。当時は毎日四十人から五十人前後のお客様がいらっしゃったのですが、その接客を二人だけでこなしてくれました。二人が仕事を終えるのは、毎日夜中の一、二時だったと記憶しています。

ただただ、平坦な道を歩んで来たわけではありません。そういった試練の時代を幾つか乗り越えて、平八茶屋は商いを続けてきたのです。

新たな料理の開発、「若狭懐石」

三十歳を越えた頃の私は、料理に関して誰にも負けない情熱を持っていました。

平八茶屋は明治時代中期の十五代の頃から十九代の父の代まで約百年間、川魚料理の専門店として商いをしてきました。

川魚料理の基本は、魚は川魚しか使ってはいけないことになっており、沖もの(海のもの)を使う料理は、鮎や諸子等を使ってもよいというルールがあります。

川魚料理の四季を見てみますと、春は、造りが「鯉の洗い」、焼き物が「諸子のてり焼き」などで、夏は造りが「鮎の背ごし」、焼き物が「鮎の塩焼」と鮎を中心とした献立になっています。そして秋になると造りが「大鱒の洗い」、焼き物は「あまごの塩焼」になります。さらに、冬には、造りに「寒鮒《かんぶな》の子まぶし」、焼き物は「うずらの付け焼」にします。このように、四季折々の川魚と京野菜を使った料理が川魚料理です。

食通の方は、「川魚に始まり、川魚で終わる」と言われていますが、本当につくりがいのある料理です。現在、生粋の川魚料理を京都でお出ししている料理屋は、「山ばな 平八茶屋」と「貴船 ふじや」だけになりました。

この料理は、第二章でも触れたように、夏目漱石や北大路魯山人らが食し、お褒めいただきました。しかし、私の時代になると、川魚料理の衰退を感じ、「この料理だけでは将来、店の維持は難しいだろう」と、危機感をもつようになりました。また、百年続いた生粋の川魚料理を後世に残すためにどうしたらよいか悩んでいました。

この時期、川魚料理の需要が下がってきていて、十人のお客様がいたとすると、川魚を好まれるお客様は三人。七人のお客様は川魚を好きではありませんでした。なぜ、川魚が嫌われるようになったのかというと、田舎《いなか》などで泥臭い鯉などを食べて、川魚は泥臭く生臭いというイメージが定着していたようです。お客様は「川魚は嫌いや」と言いながら、平八茶屋に来られていました。

いろいろと思案した結果、歴史的には若狭街道の街道茶屋だったことを踏まえ、ひと塩もの、一夜干しにこだわった料理を創作しようと考えました。そして、ひと塩ものの「ぐじ」を主体にしつつ、旬の素材を用い、奇をてらわず、一汁三菜が基本の懐石料理の合理性を取り入れた「若狭懐石」という料理を開発しました。

京都では、甘鯛《あまだい》のことを「ぐじ」と呼んで珍重します。ぐじの身は柔らかく淡白な白身ですが、塩を振ることで余分な水分が抜け、身はもっちりとし、旨みが増します。この塩振りを、私たちは「浜塩」と呼んでいます。浜塩とは、獲れたてのぐじを浜ですぐに二枚おろしにして、塩することです。この浜塩のぐじを使います。

若狭懐石のメニューは、まずは、ぐじの糸造りです。糸造りとは、おろした身を細長く切ることです。浜塩のぐじをおろして、糸造りとし、平八茶屋特製の二杯酢を供します。次に焼き物です。「ぐじの若狭焼」というもので、うろこを立てずに焼き、そのうろことともに食していただくというものです。うろこを立てずにかりっと焼くことに、工夫と技術が要ります。

そして、蒸し物にも、ぐじを使います。器に昆布を引き、その上にぐじの上身をのせ、季節によっては、そこに卵白に松茸を加えたものをかぶせることもあります。ぐじの上身と卵白と松茸等を加える「ぐじの酒蒸し」が、ぐじの旨みと甘味が感じられる一番の料理です。甘鯛と言われるゆえんがわかります。

若狭懐石は、この三品をメインに献立をたてます。

私は開発した「若狭懐石」を、京都の一流料理屋のご主人や女将さんが集まる権威と伝統を持つ「二日会」の方々に召し上がっていただき、その指導を仰ぎたいと思いました。そのために、平八茶屋で二日会を開催した折、川魚料理に替えて、「若狭懐石」をお出ししました。料理も中ほどに差しかかった頃を見はからい、座敷の正面におられる先輩方へご挨拶にうかがいました。

正面の真中には、恰幅がよく、威厳をたたえた「中村楼」十一代当主の辻重光《つじしげみつ》さんが座られていました。当時、辻さんは京料理の重鎮で、近所の雷親父のような存在としてみなから恐れられていました。辻さんが「ぼん、ああしろ、こうしろ」と言うと、それに従わなくてはならないほ

若狭懐石　　写真：杉本幸輔

ど力があったのです。

私たち若手料理人の間でのあだ名は、京料理の「カポネ」でした。いつもソフトハットをかぶり、これで葉巻でもくわえればまさにその風貌は「アル・カポネ」そのものだったのです。NHKの料理番組「きょうの料理」の草創期に番組で日本料理の先生もしておられ、日本中に知れ渡った料理人の一人でした。

その辻さんの前へ行き、「本日の料理はいかがですか」と尋ねました。すると、辻さんは、「ぼん、この料理は平八の料理と違うで」のひと言だけでした。満座の前で、指摘されたのです。このひと言には、「川魚料理の店で、このような懐石料理を出してはだめじゃないか」という意味が込められていました。

悔し涙が出そうになったので、そのまま座敷を飛び出しました。私は悔しさと情けなさに愕然《がくぜん》としました。それから数日後、気持ちを立て直して、日夜、切磋《せっさ》琢磨《たくま》し、「若狭懐石」を磨き続けました。私が三十一歳の時の出来事でした。昭和五十四(一九七九)年十一月の頃のことです。

そして、二年後、あの二日会がまた平八茶屋で開かれることになりました。川魚料理にしようか、若狭懐石にしようかと迷いに迷いましたが、若狭懐石をお出しすることにしました。その日も正面の真中にはあの辻さんが座っていました。

料理も中ほどに差しかかり、こんどは恐る恐る辻さんの前に行き、「本日の料理はいかがでしょうか」と尋ねました。辻さんは「う〜む」と唸ったきり、答えませんでした。一分間、沈黙していました。そして、辻さんは表情も変えずにひと言、「ぼん、勉強してるなぁー」。このひと言で、私は嬉しいというより、なぜかほっとした気分になりました。

それからまた二年後の二日会でも、若狭懐石で押し通しました。この攻めの姿勢こそ、かつて空手道部の幹部学生だった頃の闘争心だと思います。初めて「若狭懐石」を出してから足かけ五年の月日が過ぎて、私は三十五歳になっていました。昭和五十八（一九八三）年のことです。

この日の二日会でも、料理の中ほどで正面へ行き、辻さんに伺いをたてました。辻さんはこの時もひと言でした。

「ぼん、これでいいやん」

日本中に名前が知れ渡っていた料理人の先輩からお墨付きをいただいた瞬間でした。このひと言に、私は感極まり、目からあふれ出そうになる涙を必死でこらえていました。しばらくは顔を下げることができませんでした。

父・日出雄の死

「若狭懐石」の料理に、中村楼の辻重光さんからお墨付きをもらった翌年、昭和五十九(一九八四)年六月十一日に、父・日出雄が急死しました。私は三十六歳になっていました。

その頃には、料理人の修業は終わり、一人前の料理人として調理場のど真ん中で仕事をしていました。銀行にも父の代理で出向いて、交渉をするようになっていました。当時、父が社長で、私は専務でしたが、平八茶屋のことは九十パーセント、理解しているという自信と自負がありました。

父はこれまで入退院を繰り返してきました。生来、体が弱かったのです。父が亡くなった日、私は東京に出張をしていました。その移動の合間に母に電話を入れると、「お父さんが倒れた」と言うのです。それで、急きょ、家に帰りました。

病院に救急搬送された後でしたので私はそのまま何も持たず、病院に向かいました。病室に入ると、母が看病をしていて、父はまだ息がありました。父の瞳孔《どうこう》は開いたままで、その目がキラキラと子どものように輝いていたのが印象深く、いまでも鮮明に覚えています。

「親父、元気か」と私は声をかけましたが、返事はなく、その視線は天井の一点だけに注がれていました。その目はもう死んでいく人の目ではないと判断した私は、「これならば、まだ大丈夫だろう」と思い、看病をしていた母親と交代するため、ひとまず家に戻りました。その直後です。病院からの電話で、父が亡くなったことを知らされました。享年六十七でした。

残念なことに、私は父の死に目にはあえませんでした。悲しくて、悔しいはずなのに、葬儀の時には涙がまったく出てきませんでした。友人たちからも、「親父が亡くなっても、涙も出さんのやな」と言われました。

父が亡くなったことで、私はこれまでとはまったく違う感覚に陥りました。病気がちで入退院を繰り返していた父だったので、不在のことも多く、私は現場を任されていることが多かったのです。父を頼っていたわけでもなく、心の支えにしていたわけでもありませんが、私はポンと外に放り出されたような不安を感じました。

まだ若造の私が、平八茶屋の屋台骨を一人で背負わなければならなくなりました。「どうしたらいいだろうか」と考えれば考えるほど、涙が出てきませんでした。

これから背負うことの大きさに、本来ならば悲しんでいいはずなのに、そのような気持ちになれないほど戸惑っていました。その不安が頭の中で渦巻いていたのです。親戚が集まるお通夜の席でも、親戚が悲しんでいても、私一人泣いていませんでした。

体育会系の人間でしたので、体力には自信がありましたが、父が亡くなった年の夏は生まれて初めて二日間寝込みました。二日間、ただただ眠り続けました。

六月に父が亡くなり、七月、八月と過ぎて、それは大変な緊張感の中での二ヵ月間だったのです。調理場に立っていても、次から次へと不安がよぎり、誰にも相談してはならないし、相談したとしても周りにはわからない状況でした。父の死で動揺している自分を悟られるのは嫌だという気持ちで突っ走っていました。

ただし、母親が亡くなった時は、その逆で、号泣して涙が止まりませんでした。当時、私は五十歳を少し過ぎた頃で、調理場に立ちながら、経営を行い、仲居や料理人たちに指示を出していました。これまで通り、料理をつくり、盛付けの器を変えて、座敷を修理してと、あらゆることに対処していた時期で、精神的にも体力にも余裕がありました。

ですから、母親が亡くなった時には、周りから見ると恥ずかしいくらいに取り乱してしまったのでした。

料理屋の当主、「社長業」を学ぶ

私の二十代後半は、修業に明け暮れる日々でした。そして、三十一歳の時に、先ほど触れたように「若狭懐石」という料理をこしらえるまでになりました。

三十代の十年間は、私のその後の人生を大きく変えることになる人々との出会いの時代でした。技を磨く時代から、心を磨く時代になったと言えるかもしれません。

そのことを象徴するような出来事が、牟田學《むたがく》先生との出会いでした。私のその後の人生に大きな影響を与えました。

昭和五十七(一九八二)年七月に、京都青年会議所の経営開発委員会主催の例会で、牟田先生のセミナーがありました。

牟田先生は当時、日本経営合理化協会の専務理事でした。その後、理事長になり、現在は会長になっておられます。このセミナーは短い時間でしたが、私の頭にカミナリでも落とされたような衝撃が走りました。

牟田先生は、「事業発展計画書」作成のお話をされました。この計画書は、自社における数年間の売上高を予測し、その目標に向かって戦略・戦術をまとめるというものでした。

第二次オイルショックからバブル前夜の時代、日本料理屋からお客様の足が急激に遠のいていました。お客様のニーズはフランス料理、イタリア料理、そして中華料理などに向いていました。グリル系の洋食も主流になりつつある時代だったのです。

この時期、平八茶屋の売上も急激ではありませんが、横ばいからやや下り坂になりつつある状態でした。そのために、先ほどの「若狭懐石」の料理を考案し、お客様のニーズに応えようとしたのですが、経営的にはそれだけでは弱かったようです。

私は老舗料理屋の調理場のことしか考えずに商売をしてきました。牟田先生とお会いした頃は、調理場から商売を考えるだけではいかんともしがたい状況に陥っていました。商売に行き詰まり、従業員の給与さえ思うように上げられず、己の商売感覚に限界を感じていたのです。ですから、牟田先生のお話は、私にとっては新鮮かつ刺激的でした。

セミナー終了後、懇親会の席で、牟田先生に相談し、現在の悩みや問題点についてアドバイスをいただこうとしました。多くの経営者が順番を待っていました。順番が回ってくると、私は堰《せき》を切ったように売上が上がらない現状、自分が調理場に立ち、仕入をし、献立を考え、料理職人の指導、器の選定、仲居の雇用と教育、さらに銀行への対応まで行っていることを話しました。

すると、牟田先生は、「あなたは、料理の仕事をしたいのですか、経営をしたいのですか。私から見れば、料理人としては頑張っておられますが、経営者としてはその仕事の二十パーセント以下のことしかやっておられません」と言われました。

さらに、「園部さん、あなたは二十四時間、頑張っていらっしゃるが、それは店の中だけのことです」と言われました。私の二十四時間の頑張りは必ずしも客数を増やすことではなかったのです。

私は牟田先生の指導を受けることにしました。先生は、「外に出てお客様をつくってきてください。営業に行ってください。老舗であろうとなかろうと、客数を増やさないことには売上は上がりません」と指摘されました。また、「老舗だから、赤字は許されるのですか。老舗だから、従業員への給与を上げなくても許されるのですか」と言われたこともありました。

私には反論の余地はありませんでした。とにかく、客数を増やすために動くしかないと強く思わざるを得ませんでした。

そこで、旅行代理店の御三家であるＪＴＢ、日本旅行、近畿日本ツーリストそれぞれの東京、大阪、京都、名古屋各店に出向き、営業活動を初めてしたのです。最初はなかなか思うようにいきませんでしたが、頻繁に通ううちに、私の本気が伝わったのか、お客様を紹介するための具体的な条件面の話になりました。

当初出された価格等の条件では、お客様に満足していただく料理は提供できなくなるため、私は料理について何もわかっていない担当者に、四百年にわたって平八茶屋がどのような思いで麦飯とろろ汁をお客様にお出ししてきたのか、その食材、料理へのこだわりを少しずつ伝えました。すると、担当者も次第に聞く耳を持ち始めました。まるで、異なる食材の特性をいかして調理されて、一つの料理が完成するかのように、旅行代理店の担当者たちと心が通じ合うようになりました。そして、旅行代理店を経由してのお客様が、平八茶屋に数多くいらっしゃるようになったのです。

第一章でも触れましたが、京都の料理屋の当主の多くは自ら庖丁を持ち、毎日、調理場に立ちます。そして、「手間」を大切にして、お客様に料理をお出しします。

しかし、それだけでは、商いが続かない時代になりました。牟田先生とのご縁によって、家業経営に、会社経営の合理性、発想を取り入れることができました。

とはいえ、安穏としていられません。これからが正念場です。四百四十年の歴史あるこの平八茶屋という料理屋を後世に残すため、料理の腕を磨き、経営の勉強をすることが、私たちの使命だと思っています。

調理場に立つ著者　　　　写真:永野一晃

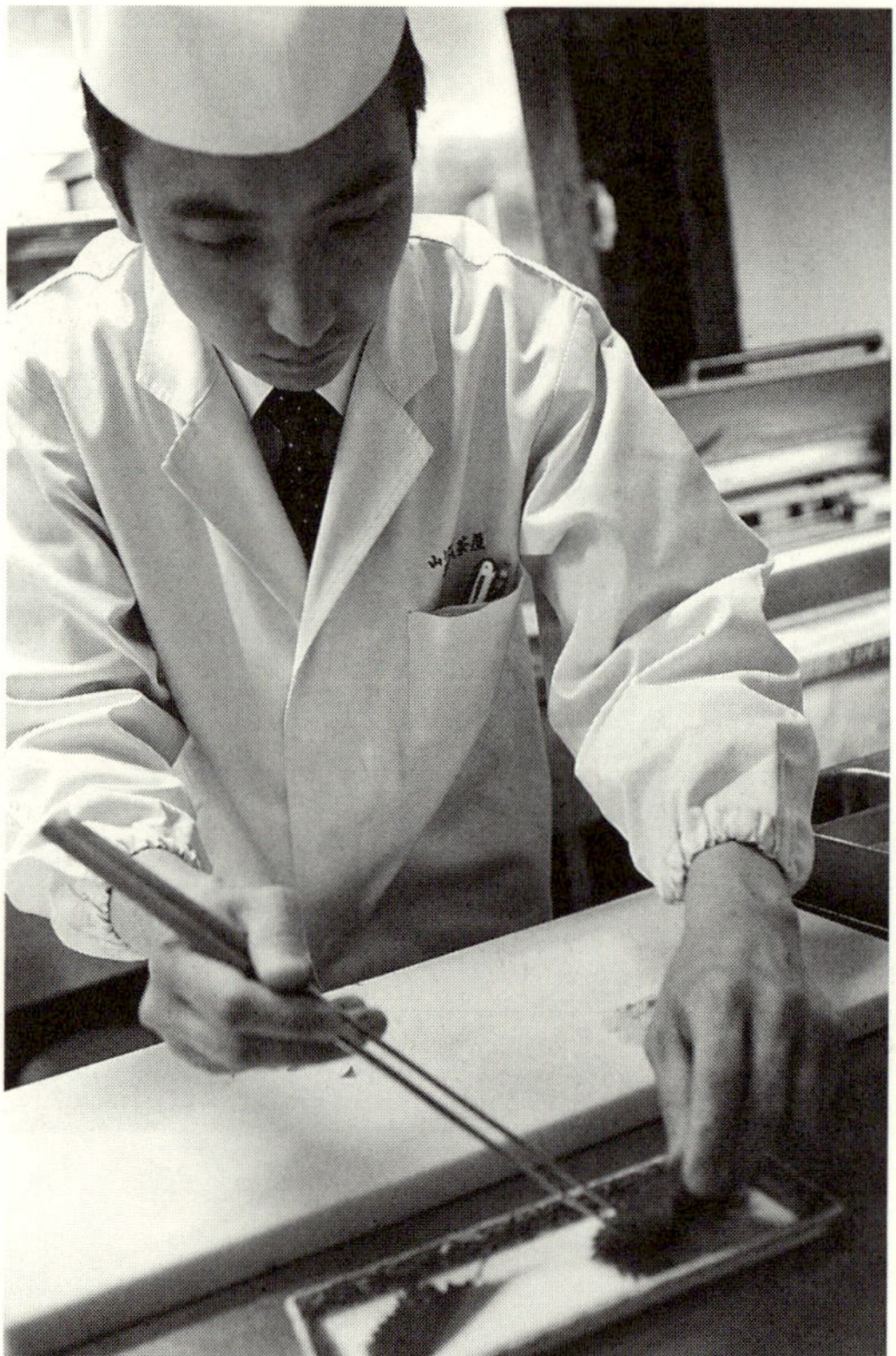

二十一代の調理姿

第四章

「生きる」を極め、「京料理」に尽す

「信号待ち」、初めての経験

私にとっての五十代は、「我慢」の十年でした。出口がなかなか見つからないデフレ社会の中で、京都の料理屋はどこも厳しい商い環境に晒されていて、格安ツアーや食べ放題・飲み放題で「これっきり」といった低価格を訴えるコピーが町を飾っていました。バブル崩壊後十年を過ぎ、そろそろ景気回復かと思いきや、その兆しはまったくありませんでした。

そんな折、若い頃から体育会系人間として人よりも気力、体力があると自負してきた私は、平成十九(二〇〇七)年四月に脳梗塞《のうこうそく》で倒れました。五月に退院するまでの三週間、私は生まれて初めての長期入院を経験しました。二十二歳の時から三十七年間、一所懸命、突っ走ってきた私にとっては大きな試練の時でした。

身体が悲鳴を上げていたのだと思います。四十代までの私は、京都青年会議所などの集まりの後に、みんなで祇園に繰り出して午前二時、三時くらいまで飲んでいました。しかも、翌朝は五時に起きて市場に行くため、睡眠時間は二時間、三時間でした。

当然ですが、前夜に遊んだからといって、翌日の仕事で手を抜くことはありませんでした。そんな生活を続けていたので、身体が耐え切れなくなったのだと思います。

私は自分がこんなに長く入院することなど考えたこともありませんでした。入院当初は焦りと苛立ちが交錯し、毎日が苦痛と失望の連続でした。手足がしびれて思うように動かすことが出来ず、もう二度と調理場に立てなくなってしまうのではないかという絶望感に襲われました。主治医に、「日常生活が出来るだけではなく、とにかく調理場で庖丁をもてるようにしてください」と頼みこみました。この気持ちの奥底には、己が置かれた現状を認めたくないという気持ちと、「さて、今後どうするのか」という気持ちとの戦いがありました。

しかし、入院の一週間目に、私の心に大きな変化が現れました。リハビリの訓練が始まった時です。焦りと苛立ち以上に、体を動かしている自分が嬉しく、その気持ちが徐々に高まり、体中に広がりました。そして、病に倒れてから多くの方たちにいただいた励ましやお見舞いの言葉が心に響き、本当に感謝する気持ちで満たされました。

退院後、主治医から次のようなお話を伺いました。

「園部さん、園部さんの脳梗塞の再発率は七十〜八十パーセントと高いです。気をつけてください」

主治医が言うには、一回目より再発した二回目の脳梗塞によるダメージのほうが大きくなるのだそうです。脳梗塞で死滅した細胞は再生しないといいます。そのため、二回目の脳梗塞では別の場所の細胞が死滅することになり、その影響が出てくるというのです。

再発が一年後に起こるか、三年後に、あるいは十年後、二十年後なのかはわかりません。ただ、私の場合ですと、次に脳梗塞になった時には言語障害の後遺症が残るか、半身が麻痺しているかもしれません。そういったリスクがついてまわるようになったのです。

こうして退院後はまた、新たな自分との戦いが始まりました。いままでの自分といままでと違う自分との戦いでした。これまでは、大きな困難も苦労も持ち前のエネルギーとファイトで乗り切ってきた私ですが、今度ばかりは周りの人たちの励ましや温かさを糧に生きていきたいと思うようになりました。

病に倒れた私は、料理を極める道に加えて、己の人生を極める道が一つ増えたような気がします。

「つくる」を接点に広がる縁

私のこれまでの人生において料理業界の方々から多くのことを学びましたが、それだけに留まらずに、書道家、陶芸家、写真家の方たちとの交流が、私の感性の磨きに大きな影響を与えました。

料理以外に感性を豊かにしてくれるものとして最初に関心を持ったのは書道でした。そもそものきっかけは「洛風林《らくふうりん》」の二代当主・堀江徹雄さんから催事の弁当を頼まれて、愛染倉《あぜくら》という催事場に出前に行ったことでした。

洛風林は帯地の制作を生業としていて、堀江さんの父である堀江武さんが創業されました。昭和二十九(一九五四)年に屋号を「洛風林」として、作品づくりを始めます。

出前に行った際に、愛染倉で、書道家の井幡松亭《しょうてい》先生とお会いしました。この催事で、井幡先生は人の背たけほどある筆を持ち、たたみ十畳ほどもある紙に一気に書き上げておられました。その姿を拝見した時に、私は大いに感動したのです。

当時、私は二十七歳ぐらい、井幡先生は三十九歳ぐらいでしたので一回りの年の差がありました。その躍動感ある動きとダイナミックな書は私には初めての経験で、書道に対する考え方が根本的に変わりました。

それまでの私にとっての書道とは、掛け軸や色紙、あるいは短冊に書くものでしたが、井幡先生は掛け軸や色紙、屏風におさまらず、着物や帯、さらに壁にまで書を書かれました。それを見ると、書の領域が無限に広がった感じがしたのです。

その後、平八茶屋の広間正面に「飄逸《ひょういつ》」(「飄々として漠々としてつかみどころがないぐらい大きい」という意味)の字を書いていただきました。かなりご無理を言って井幡先生に書いていただいたものです。やはり大きな筆で一気に書き上げてくださり、私は改めて感動しました。それがご縁でその後は、平八茶屋の包装紙や化粧箱に先生の書を使わせていただいています。二十七歳の頃から現在まで交流が続いています。

次に、陶芸に興味をひかれました。五十代後半の頃のことです。平八茶屋で使っていた器に満足していなかったわけではありませんが、自分がつくった器に料理を盛りたくなったのでした。私の同業の友人の一人、「孝月」という寿司店で非常に繊細なお寿司を握る橋本さんのご縁で、女流陶芸家の村井紀炎《きえん》さんをご紹介いただきました。「桜の紀炎」として独特の作風と繊細な筆使いで有名な方でした。

ご自身の骨休みを兼ねて夕方からスナックを開業しているという粋な方で、そのお客様のほとんどが紀炎さんの友人とのことでした。私もたびたびお店に通うようになり、そのご縁で京都料理組合の研修会にお招きし、陶芸教室を開いていただいたこともありました。

紀炎さんは当初、桜の花びらを重ね合わせ敷き詰める、大変緻密で繊細な筆使いと根気のいる仕事をしておられました。その後、写実的な草木の絵付をされ、さらに染付の中に淡いピンクを入れる作風へ変化していったように思われます。

そして、芸術家として一番大きく進化されたのは、屏風に自身の永遠のテーマ「桜」をモチーフにした作品を画《えが》かれた時からでした。第一作目は、常照皇寺《じょうしょうこうじ》のあの有名なしだれ桜を選ばれ、約一年がかりで完成されました。その紀炎さんの第一作目「常照皇寺のしだれ桜」は当家で所蔵しております。

その後、私は紀炎さんに師事して染付の絵付を教えていただくことになりました。私のテーマは「京野菜」。約二年がかりで四十五枚の京野菜を画き上げました。その絵皿の一部は、当時お世話になった方々に五枚一組でお配りして使っていただいております。

最後は、写真でした。六十歳近くになった頃に、自分がつくった器に料理を盛りつけ、それを写真に撮って残したいと考えたからです。自分の料理を自分の感性で撮り置きしたい気持ちが強くなりました。先生は写真家の北奥耕一郎《きたおくこういちろう》さんでした。

北奥先生の写真集『京艶』出版記念パーティーにお招きをいただいたのをご縁として、「NHK月曜写真教室」に入会いたしました。この教室で写真撮影を一から教えていただき、暇を見ては自分の料理、平八茶屋の庭、風景を撮りました。自分自身が撮るなら単なるきれいな料理写真、風景写真ではなく、私だけにしか表現できない写真を撮ろうと決めました。

北奥先生の写真は、現在のカメラ機能をフルに活用し、フィルターを自由に使って、新しい写真アートを目指しておられると思いました。「京都新聞」に掲載されていたコラムの中でも、報道写真と芸術写真の違いを述べておられました。「報道写真は真実だけを撮り、少しでもアレンジしてはいけない。しかし芸術写真はアートであるからいろいろな器具、カメラの機能を駆使して個性的な写真を撮ろう」というようなことが書かれていたと記憶しています。私も、北奥先生の考え方に共感しています。

料理の世界でも言えることですが、基本が一番大切なことは変わりありません。しかしその基本だけを守っていても人を感動させる料理にはなりません。その基本に、自身の感性を加えて創造した時に初めて自分だけの料理が生まれるのではないかと思います。

自分でつくった料理を自分のカメラにおさめる、そして自分が表現したい写真を自分の感性で撮る。それは、私にとって至福の時間です。

こうした文化人の方たちとの交流で磨かれた感性がまた料理に返ってくる。私の料理は五十代から六十代にかけて、「園部平八流」が色濃くなったのではないかと思います。

修業が続く三日、三週間、三カ月、三年

平八茶屋には、さまざまなタイプの若者が料理人を目指してやって来ます。その若者たちは、実家が料理屋の息子や、自分の店を持つことを夢見て修業に来る若者たちです。しかし、そのうち半分は修業途中でリタイヤして、別の職業につくことが多いのです。

現代っ子にとっては料理人の仕事は厳しく、つらい仕事です。現在、さまざまなお店で仕事をされている料理人は厳しく、つらい修業を終えてきたスペシャリストなのです。

私は「就職」という言葉を使わず、「修業」と言っていることは先に述べました。私は若い頃、「うちに就職するという気持ちはやめてほしい。ここには修業に来るつもりでお願いする。就職とはまったく違うという気持ちで来てください」と面接の席で必ず話していました。就職と修業とでは、その覚悟が自ずと違います。

料理人の世界はいまでも徒弟《とてい》制度の残っている職種で、先輩たちが手取り足取り仕事を教えるのではありません。「見習」という漢字が意味するように、見て習うことから始まります。昔は、新人を「追廻」と言い、使い走り専門で、仕事らしい仕事は二、三年後からというお店が多かったと思います。

まずは、この「追廻」の時期をいかに我慢し、乗り越えるかが問題になります。私たちの世界では、「仕事を辞めたくなるのは三日、三週間、三カ月、三年」という格言があります。三日続けば三週間は持つ、三カ月続けば三年持つということで、「石の上にも三年」という言葉があるように三年間辛抱する覚悟がなければ店には入れません。

見ていると最近の若者たちは挨拶ができません。親に怒られず、先生に怒られず育ったものですから、何も躾《しつ》けられていません。お店では挨拶の仕方から教育を始めます。修業の第一歩は、若い者が頭を下げるところから始まるのです。

先輩から怒られ、仕事に耐え切れず辞めようとしては思い直し、歯をくいしばって頑張り、また思い悩み、挫折しかかる。そういう不器用な若者ほど気にかかるものです。

すばしっこく頭が切れる子はほっといてもよいのですが、不器用な若者に目をかけてやらないと、なかなか修業が進まず、すぐ悲観的な気持ちになって辞めたがります。しかし、そのデキの悪い子が一つひとつ仕事をものにして、苦しんで身につけた技術は一生忘れないと思うのです。

そして、その苦しみを乗り切った弟子は、人間的にも大きく成長します。何も苦労せずに出て行った者よりも人間的に大成することが多いように思います。

技術、芸事、何事でもそうですが、憧れだけでは修業は続きません。そのプロセスにはつらさや、苦しみ、悩みがあります。憧れるものを目標に、その壁を乗り越えた時に、自分の前が開けます。そのつらさや、苦しみ、悩みから逃げだそうとすると、逆に潰れます。歯をくいしばり、頑張った者しか真の料理人にはなれないのです。

料理人の修業は他とは違う

日本料理の料理人は、料理人修業の中でもとくに厳しいと思います。頭に叩き込むことが多いからです。

たとえば、季節によって料理は異なりますし、一つの食材で「走り」と「旬」と「名残《なご》り」の三つがあります。洋食でしたら、ステーキが時期によって大きく変わるということはありません。ハンバーグが冬と夏で味が違うことなどないはずです。スパゲティでも味付けが季節によって大きく変わることはありません。しかし、日本料理は、春夏秋冬すべて違います。覚えること、やることが非常に多いのです。それをわずか十年で習得するというのはよほどでないとできません。覚えの早い子であれば、十年経てば一人前として世の中から見られますが、覚えの遅い子は十三年、十五年とかかります。

しかし、一人前になれても、その中で老舗の料理屋の料理長になれるのは一握りです。ホテルなどの何十人もの料理人を束ねる料理長になれるのも一握り。お店を持てるのも一握りです。お店を持ったとして、十年、二十年続けられるのもまた一握りと、修業を終えた後も厳しい闘いは続きます。

だからこそ、あえて「修業」と言わないと、その後の人生を狂わせてしまうことになります。中途半端な覚悟なら、この世界に足を突っ込まないほうがいいのです。ただ単に、「勉強が嫌いだから」「就職がうまくいかなかったから」といって入ってくる世界ではありません。私が若い頃は、そういう理由で料理の世界に逃げてくる若者が多かったのです。

現在でも似たような若者がいるように見受けられます。しかし、心から料理人になりたいという気持ちがあるわけでもなく、安易な理由で調理師学校に通って一年間で百万円か百五十万円の学費を払うのは、もったいないことだと感じざるを得ません。

後継者と当主を育てる二つの親睦会
——芽生会と二日会

京都で料理屋を営む当主、後継者の多くは、経営者であるとともに料理人でもあります。創業以来、オーナーシェフとして二刀流の仕事を貫いています。

仕事が二刀流であるために、さまざまな研鑽が求められ、またそこに京都ならではの自治の精神が加わることで、東京や大阪とは異なる親睦会文化が根付いています。

後継者の代表的な親睦会には、「京都料理芽生会《めばえかい》」があります。料理屋に生まれた後継者の集いです。五十五歳までが会員の対象になっています。京都の料理屋の後継者は、落語などに出てくる若旦那のような、派手に遊んでばかりいるドラ息子にはなりにくいと言われています。それは、経営者の卵であるとともに、庖丁を握る料理人としての修業もあるからです。遊んでばかりはいられません。

後継者には、現代における料理屋の姿を自分なりに追求し、京料理のよいところを活かしながら、新しいものに挑戦する人間が多いのです。

会の大きな目的は二つあります。「研鑽」と「親睦」です。研鑽とは、料理を研究したり、道具を工夫したりとさまざまなことを研鑽しています。

また、親睦も大きな柱です。現在、私は同業者組合である京都料理組合の組合長ですが、副組合長以下、役員の方も、ほぼ九割が芽生会の出身です。若い頃に、さまざまなことを議論した人間たちが、現在の京都の料理業界を支えているのです。

芽生会は、京都だけにある会ではなく、全国組織です。昭和のはじめ、料理屋の後継者たちが新しい料理屋のあり方を模索するための場として集ったのが「東京芽生会」で、それが全国の芽生会のはじまりでした。

次々と世代交代をする中で、芽生会の活動は全国に広がり、料理業界の一大組織になりました。それが、「全国芽生会連合会」で、現在では全国三十二地区、約四百五十名の会員で構成されています。

京都料理芽生会は設立後六十年を過ぎています。中村楼の辻重光さんが東京での芽生会設立の話を聞き、代表発起人として京都料理芽生会の設立に尽力されたと言われています。その初代会長には、「いもぼう平野家本家」十三代当主の北村多造《きたむらたぞう》さんが就任されたと聞いています。


いっぽうの「二日会」ですが、こちらは京都の老舗料理屋の有名店、一流店の当主が集う会です。毎月、会員の料理屋が当番となり、持ち回りで行っている研鑽の会です。たとえば、平八茶屋が当番でしたら平八茶屋にお招きして、料理をお出しし、併せて接客についても見ていただく会です。第三章の「若狭懐石」で触れた中村楼の辻重光さんとの五年越しのエピソードは、この二日会での出来事でした。

二日会は純粋な親睦会ですが、芽生会は任意団体です。他に、任意団体と言いますと、この後で詳しく触れる「京都料理組合」になります。京都料理組合は、京都の各地域単位で活動を行います。

この組合に加盟するためには、二名の役員推薦が必要です。役員推薦が取れるということは、人気があって地元での評判がよいということです。組合は新しいお店の創業者の方でも入会できますが、人気店だからといって誰でも入会できるわけではありません。入会のための判断基準は、最終的には当主の人柄を含めて、二代、三代と続くであろう料理屋かどうかです。一代限りになりそうな店は入れないのです。この料理組合は百年前から粛々と三大事業を行ってきました。

芽生会も京都料理組合も任意団体ですから、加盟しなければならないということではありません。しかし、加盟したくとも、団体のほうが拒否もできる会です。自身の精進に加えて、こうした親睦会によって、私たちは当主として一人前になったと思っています。

京都料理芽生会北地区の「御大」

――「祇園 新三浦」高橋昌美さん

私は二十五歳の時に「近新」での修業を終え、平八茶屋に入りました。そして、すぐに京都料理芽生会に入会させていただきました。京都料理芽生会は東地区、北地区、中地区、西地区の四地区に分かれており、私はその中で北地区に入りました。

この地区には他では見られない結束力がありました。その結束の要になっていたのが、「御大」

の存在でした。芽生会北地区の私を含めた若手後継者たちが「御大」と呼んでいたのは、「祇園新三浦」の当主、高橋昌美《まさよし》さんでした。高橋さんをはじめ、「貴船 ふじや」の藤谷元紀《もとのり》さんらが核になり、芽生会北地区を支えていました。

水炊き専門の「祇園 新三浦」は水気の多い白菜を使わず、濃厚な白濁した鶏スープを使う水炊きに特徴があります。当主だった高橋さんは徹底したこだわりを持った料理人であり、徹底した個性派、そしてエネルギーとパワーがとてもあった方でした。

祇園のど真ん中である四条に店を持たれていたのですが、高橋さんは若い時から八瀬遊園近くに住んでおられ、芽生会では北地区に所属されたのです。リーダーとして業界の厳しさ、遊びの楽しさの両面を教えてもらいました。

高橋さんは芽生会の活動とは別に、地区の会員たちと旅費を積み立て二年に一度、海外旅行をしました。私が三十代の頃でした。仕事ばかりしている私たちに、海外旅行を通じて、息抜きの大切さを教えてくれたのです。

海外旅行は決まって二月頃、私たちの業界の閑散期に行われました。旅行先は、東南アジア方面で、それも都会のけんそうから離れた静かな海辺にコテージだけがある小さなホテルでした。出国する時は厳寒の京都でしたが、島に着くと水着に着替えプールで泳いだものです。この海外旅行は、私たちにとってとてもよい息抜きになり、日本では絶対にできない経験をさせてもらいました。

高橋さんのおかげで、同世代の会員たちと過ごす時間が新鮮で楽しくて、その後、京都料理業界の仕事にも熱心に取り組んでいくきっかけをつくってもらいました。後に私は芽生会の会長を経験させていただきました。

京都芽生会は昭和五十五(一九八〇)年七月に「新生芽生会」として新たな出発をします。その時のリーダーが高橋さんでした。会長の任期は一期を二年とし、十年で一人のリーダーをつくるより、五人のリーダーをつくろうということになりました。ここから「新生芽生会」が始まり、現在もこのシステムが継承されています。

私は芽生会に育てていただき、高橋さんには人一倍恩義を感じています。高橋さんは「是は是、非は非」の精神を基礎に、反骨精神も旺盛で、自分自身の損得を考えず、常に犠牲的精神で真正直な行動をされました。

「京野菜」の復活

昭和六十(一九八五)年の頃から、京都料理芽生会では、「京野菜の認知度を高めよう」との運動に取り組みました。ある料理大会に参加するため、メンバーが移動中に車中で話題にしたことがきっかけでした。

会話をしているうちに、「本物の京野菜はどこへ行ったのだろう」という話が持ち上がり、京都へ帰ってからさっそく調査を始めました。当時、料理屋でも京野菜が手に入りにくくなっていました。賀茂茄子《かもなす》という丸い茄子があります。賀茂茄子は加食部分がものすごく密度が濃いので、カシッとしているのに柔らかい茄子でした。ですから、油で揚げたり、田楽にするのに適しています。

しかし、その本物の賀茂茄子が出る時期の前に形状が似ている高知の丸茄子《まるなす》が出回ります。どの料理屋も旬を先取りしたいために、賀茂茄子ではなく丸茄子を使い、本物の賀茂茄子が出る頃にはもう献立から外れていることになっていました。本物を使わずに、本物に似た素材を田楽にしていたのです。「これは間違っているのでは？」ということになりました。

賀茂茄子の他に、九条ネギの話もありました。九条ネギにも旬の時期があるはずです。旬の時期の九条ネギは青い部分も食べることができます。庖丁を入れると青い部分から白いアンが出てきます。しかし、その九条ネギを使わず、青ネギや万能ネギ、白ネギを使う料理屋が増えて、九条ネギは負けてしまい使われなくなりました。

他には、鹿ヶ谷《ししがたに》かぼちゃという瓢箪型のかぼちゃがあります。大正時代には京都ではすべて鹿ヶ谷かぼちゃを使っていましたが、その後、恵比寿かぼちゃ、菊かぼちゃが出てきて、どんどん需要がなくなっていきました。

私たちはこうした状況を「おかしいじゃないか」と考え、その改善運動を始めたのです。当時、私は京都料理芽生会の料理部会担当の副会長をしていましたので、数人のメンバーとともに亀岡市にある農業総合研究所へ出向きました。

当時、農業総合研究所の部長をされていた西野寛《ひろし》さんに案内され、ただ種子保存のためだけに栽培されている伝統野菜を見たときに、なぜか悲しい気持ちで一杯になりました。その現状を伝えるために京都料理芽生会は、昭和六十一(一九八六)年十月九日に、「第一回 復活させよう京の伝統野菜」というテーマでシンポジウムを開催しました。

このシンポジウムには一般の方も多く参加され、京の伝統野菜への関心は非常に高まったと思います。マスコミに大々的に報道され、京都料理芽生会が一石を投じた改善運動が一気に社会現象になっていきました。

この頃から京都料理芽生会では、対外事業も積極的に展開するようになります。第五代会長高橋英一さんから、私が第六代会長に選ばれ、この改善運動を引き継ぐことになりました。

この運動を引き継ぎ、一つの形として残すために、伝統野菜を含む京野菜をテーマにした書籍を京都料理芽生会編として、全会員でつくることになりました。しかし、書籍づくりは思った以上に大変な事業で、淡交社の磯部隆男《たかお》部長の全面的な協力を得て、約一年半かけて完成します。

写真撮りは磯部部長自らが行い、料理の提供、エッセイは全員で手掛けました。それが平成三(一九九一)年十月に刊行された京都料理芽生会編『京野菜と料理』(淡交社刊)です。

当時の制作を物語る逸話があります。ある高級料理屋から出された鹿ヶ谷かぼちゃを使った一品の写真撮りの際に、私たち若手料理人が大胆にも盛付けを勝手に変更したのです。その料理屋の料理長さんは全国的に名の知れ渡った方で、その方の盛付けでした。本当に若い頃のこととはいえ、「大胆なことをしたなぁ」と、いま思っても冷汗ものです。

京野菜が復活した後は、あまりに京都ブランドの価値が高まり、東京方面では賀茂茄子や九条ネギが高値で売られ、京都では一時伝統野菜が少なくなった時期がありました。

私たちの改善運動は、京都の料理人として、自分たちの使う本物の京野菜の復活に情熱をかけただけでした。決して京都ブランドを高め、全国へ展開しようとは思っていませんでした。ですから、大阪は大阪野菜、金沢は金沢野菜など他府県の独自の野菜を復活させ、その地方が使うことには大賛成です。私たちが目標にした改善運動と一致するからです。

「京野菜」という名称そのものは、私たちが改善運動を始めた頃にはありませんでした。当時は、「特産野菜」と呼ばれていました。京野菜という言葉もまた、私たちの改善運動の中で定着したものでした。

中東吉次さんの「摘草料理」

中東吉次《なかひがしよしつぐ》さんは、料理旅館の名店「美山荘《みやまそう》」を一代で日本中に知れ渡る料理屋に仕上げた方でした。親友である瓢亭の髙橋英一さんのところで茶懐石や瓢亭の文化を学び、それを美山荘向けにアレンジされ「摘草料理《つみくさりょうり》」を考えられました。

「摘草料理」は、当時(昭和三十五年頃)の京料理の概念にとらわれず、それまで田舎料理と捉えられていた山菜料理と都の雅さを兼ねそなえた新しいジャンルの料理でした。現在、世界中から新鮮な料理食材が手に入る中で、まさに地産地消で野山の草を摘み、調理したのです。中東さんは山菜を乱獲せず、来年新しい芽が出るようにと思いやる心を大切にしました。

中東さんが創作した「摘草料理」は、日本中の人々に感動を起こしたと思います。私たち料理人は、ただ美しく美味しい料理だけを追求するのではありません。その料理を食べて心を癒していただき、感動してもらう料理こそ、私は真の料理だろうと考えます。

中東さんの行くところ、両脇にはつねに私と、現在は日本料理アカデミーなどで活躍している菊乃井の村田吉弘《よしひろ》さんとで、よくご一緒させていただきました。昭和三十年代の頃のことです。当時、中東さんのことを、私たちは敬愛の念を持って、「お父《とっ》つあん」と呼んでいました。

中東さんの季節や歳事についての専門的な知識、また料理に対しての発想は、やはり群をぬいていました。しかし、中東さんの魅力は、ただ単に文化人としての魅力だけではありませんでした。素《す》の中東さんは本当におチャメな方で、私たち年下の人間とも一緒に遊び、楽しんでいたのです。そんな気さくな一面がありました。

一代で日本中に知れ渡る美山荘を創りあげましたが、平成五(一九九三)年に摘草料理がまだ完結しないまま去って逝かれたのは本当に残念です。しかし、女将の和子《かずこ》夫人や長男の久人《ひさと》さんがしっかりと家業を継いで繁栄されています。摘草料理には継承する難しさがありましたが、久人さんは見事に継承されました。

ただ料理内容はかなり変わってきました。しかし、中東吉次という料理人が編み出した摘草料理の基本には外れていません。これが大切だと思います。新しいことをやるのは自由ですが、摘草料理の名で調理するのであれば、基本は変えずに料理しなくてはなりません。

久人さんは私の息子の晋吾と同じ年頃になります。また、吉次さんの弟の久雄さんは銀閣寺付近の超繁盛店、「草喰《そうじき》 なかひがし」の主人として活躍されています。さらに、娘の大原千鶴《ちづる》さんは料理家として、「京のお惣菜」を追求しています。マスコミにもよく登場されています。

吉次さんが生きておられたら、まださまざまなことを教えていただきたかったです。感動を起こす料理を追求された方でした。

「京都料理組合」の三大事業

先ほど触れた同業者組合の「京都料理組合」ですが、三大事業を柱に活動をしています。

まず一つ目は、延享二(一七四五)年から始まった「魚鳥施餓鬼会《ぎょちょうせがきえ》」です。この法要は、毎年九月二十二日に浄土宗大本山である黒谷「金戒光明寺《こんかいこうみょうじ》」で供養が行われています。現在まで二百七十年以上続けられています。

「魚鳥施餓鬼会」について簡単に説明しますと、つねに飢えによってもがき苦しんでいる餓鬼に対して、飲食物を供物として捧げて供養の法要を行う仏教行事です。私たちの商売は、鳥や魚の命をいただいているので、それを供養しなければならないということで、毎年行っています。

この法要の集まりが京都料理組合のルーツになっています。それから、さまざまな団体が統合、離散を繰り返しながらも、ずっと続いてきました。昭和十(一九三五)年頃に、三つの大きな団体が合流統合されて「京都料理組合」になります。ですから、京都料理組合のバッジの文様は魚が三つになっています。これは三つの大きな団体が統合されたという意味合いもあるのです。

二つ目の事業は、明治二十八(一八九五)年に平安遷都千百年を記念して始まった「時代祭」です。十月二十二日に行われているもので、平安京に遷都した桓武天皇から幕末の孝明天皇までの時代絵巻を、当時の時代考証を元に忠実に再現した祭りです。

桓武天皇と孝明天皇の御霊を乗せた鳳輦《ほうれん》に供物を捧げる役が京都料理組合に与えられた奉仕でした。これを実に百二十年間続けています。

そして、三大事業の最後を飾るのが、「京料理展示大会」です。現在も毎年十二月十三、十四日に、「みやこめっせ」で開催されています。この事業は、明治十九(一八八六)年に第一回が催され、戦中・戦後に数回中止されましたが、これまでに実に百十回以上を数えます。

この展示大会は、当時、東京遷都で衰退の危機にあった京都の経済・文化、それに京料理をなんとか盛り立てたいという思いから生まれました。技が盗まれるのを避けるため、決して公にしなかった各料理屋の料理が一堂に会したのは画期的なことでした。

戦後になると、京都料理組合から料理の研究・勉強を目的とした京都料理研究会が生まれて、戦後間もない頃は細工野菜を中心に学んだようです。かつては料理屋に結婚式など祝いの席が多く設けられ、野菜で鶴・亀などをつくる必要がありました。切磋琢磨しながらその技術を磨こうとしたのです。

これら三大事業を取り仕切るのが、京都料理組合の活動の目的です。百年以上続けている三大事業は、業界の先輩たちから私たちへ、そして私たちから後輩たちへと引き継がれています。

みやこめっせ入口に立てられた京料理展示大会の看板

展示大会で披露された萬亀楼・生間流式庖丁

「西陣 魚新」当主・寺田茂一さんの生き方

寺田茂一《しげかず》さんに初めてお会いしたのは、私が京都料理芽生会に入会した頃でした。当時私は二十五歳で、昭和三(一九二八)年生まれの寺田さんは四十五歳でした。寺田さんは個性の強い先輩料理人で、押しの強い方というのが第一印象でした。

当時、京都料理芽生会では北村多造さんが会長で、副会長が寺田さんでした。その後、お二人は京都料理組合で、二十年以上にわたって中心的な役割を果たされました。

私が京都料理組合の理事として、組合長の北村さんから推薦をいただいたのは、私が芽生会の会長を終えた二、三年後でした。私は四十代半ばから京都料理組合に理事として参画しました。当時の執行部・役員は、組合長に北村さん、副組合長に寺田さん、吉田一雄《かずお》(美濃幸・当主)さん、会計には村田元治(菊乃井・二代当主)さん、副会計に苗村忠男《なえむらただお》(わた亀・四代当主)さん、相談役には栗栖正一《まさかず》(たん熊北店・二代当主)さん、佐竹宰始《さたけさいじ》(美濃吉・九代当主)さんでした。いまから思うと、京都料理業界では誰もが知るような錚々たるメンバーでした。

実はこの頃、京都料理組合の三大事業の一つ、京料理展示大会の運営が大きな壁に当たっていました。参加費無料のこの展示大会の予算は一千万円以上で、年間の組合費の半分以上の支出をしてもなお不足していて、組合の会計も破綻状態だったのです。

そこで、私は早くから京料理展示大会の有料化を訴えていました。理事会でも発言しましたが、執行部の方々は「いまでも入場者が減少しているのに、有料化などとんでもない」と検討もしてもらえませんでした。

平成十三(二〇〇一)年夏を過ぎても理事会はあまり開かれず、展示大会の規模や予算のメドも立たないまま、時間だけがむなしく過ぎていきました。その年九月二十二日、魚鳥施餓鬼会の法要の日に、北村組合長と執行部の方々が、若手理事を招集しました。

その数日前に寺田さんから、「世代交代の話が出るから招集については断らないように」との話を聞きました。私は半信半疑でその会議に臨みました。ほぼ全員の理事が集まっていたにもかかわらず、なかなか会議が始まらず長い沈黙が続きました。

その沈黙を破り、北村組合長から突然、世代交代の話が出ました。そのため、三カ月後に迫った京料理展示大会を新組合長と新執行部で企画・運営しなければならないことになりました。北村組合長の突然の辞任劇でしたが、この辞任劇を陰で演出していたのが、寺田さんでした。

私が苗村さんら先輩方に世代交代の必要性と展示大会の有料化などの考えを話していたため、先輩方からひそかに応援をいただいていたのです。寺田さんの根回しは、たぶん先輩方の助言のもと動いていたのだと思います。

この世代交代劇以降、若手執行部は京料理展示大会を有料化し、楽しめるようなイベントや企画を盛り込みました。大会二日間で五、六千人ほどの来場者にいらしていただき、大盛況でした。大会の有料化が成功し、活性化し、常に進化する京都料理組合の姿勢が生まれたのです。

「京都料理組合」の組合長に就任

平成十三(二〇〇一)年九月に、髙橋英一さんを組合長として始まりました「新生京都料理組合」は常に新しい若い方たちの血を入れ、この組合を活性化して行くと宣言して、役員の七十歳定年制を導入しました。そして、平成二十二(二〇一〇)年二月に髙橋組合長はじめ四名の理事の方が定年で勇退されました。

平成二十二年一月二日、毎年恒例の二日会初詣のあと、京都料理組合総務担当であり、副組合長の佐竹力総《りきふさ》(美濃吉・十代当主)さんより私に次年度の新組合長になってほしいとの打診が正式にありました。

一時間ほど佐竹さんと話し合いをさせていただきました。私にとっては、二つの問題が心に引っかかり、即答を避けていました。その一つは、私の健康上の理由でした。三年前に脳梗塞で倒れた私は、まだ手足のしびれが治らず、またスタミナも倒れる前の六十パーセントぐらいに落ちていました。一期三年間の職務が全うできるかどうか、自信がなかったのです。

もう一つは、先代の京都料理組合の世代交代の際、改革の先頭に立って旗を振ったのが私だったので、その改革者が次期の京都料理組合の組合長を受けてよいものかどうか自問自答を繰り返しておりました。

佐竹さんから「次の世代に引き継いでいく重要な世代になる」と背中を押され、私は心を決めました。三役会が至急に開かれ、そこで次期組合長候補として推薦され、一月開催の理事会で承認されました。

平成二十二(二〇一〇)年二月の第五十四回高島屋ごちそう展会期中に、寺田さんが危篤状態に陥りました。催事の最終日に、息子の紳一《しんいち》さんが寺田さんの手紙を持参され、その手紙を読むと私と佐竹力総さんに業界の後を託すということが書かれていました。

佐竹さんとお見舞いに伺うべくご家族に連絡すると、「元気な主人のままの姿を持ち続けてください」と夫人に言われて、お見舞いは無用ですとの返事でした。同年二月二十七日に、寺田さんの悲報が届きました。私と事務局員でまずお家にお悔やみに参りました。

亡くなられた寺田さんの顔を拝見して、先日いただいたお手紙が寺田さんの遺言になったことを思い出しました。寺田さんの業界に対する思いが伝わり、涙が止まりませんでした。

私たちの一世代上の先輩方も次第に少なくなっています。多くの先輩たちがこの組合に対して熱い気持ちを持っていました。寺田さんもそのお一人でした。

それから、私は京都料理組合の組合長を三期つとめ、平成三十一(二〇一九)年三月三十一日で退任することになります。

私が平成三十(二〇一八)年二月で満七十歳になりましたので、翌年三月で私の任期は規定上終わります。組合長は名誉職ではありません。七十歳を過ぎてまで続けるものではないのです。このように制限をかけないと、若い世代が成長しません。次の担い手は六十代です。百年以上続く事業を三つ、毎年粛々と実施することが、組合長の主な任務になります。

京料理展示大会を成功させるために、組合長は自ら率先してアイディアを出し、たゆまぬ改革を続ける意志、気力が求められる役職です。伝統に胡坐《あぐら》をかいているだけでは、お客様に、一般の方に興味を持ってもらえません。つねに新しい考え方、行動、知識が必要な役職なのです。

京都老舗料理屋とミシュランの星

ここに、一つのコメントがあります。

「われわれの京料理業界は、百、二百、三百年の歴史を持った老舗が多く、永年の伝統と歴史を継承しながら、駅伝ランナーとしてその代その代をリタイヤすることなく、力一杯走り続け、さらに襷を後継者に渡す。これがわれわれの最大の使命(ミッション)です。

さらに、長い間培われてきた「しつらい」や「おもてなし」でお客様の信頼を勝ち得、ご来店いただいたお客様に、料理屋の中の非日常性の風情に憩いと満足を感じていただくことこそが料理屋の真骨頂であります。

ただ単に料理が美味しかったとか、綺麗だっただけではありません。

しかし、ミシュランの評価基準は単年度制で、しかも風情、しつらい、おもてなしを含めた評価ではなしに、その前に出された一皿を格付けするというものですから、われわれが目指している使命、そして継承していく料理屋の価値基準とは大きくずれているということです。あまりにも大きな京料理業界とミシュランの土俵と物差しの違いがおわかりいただけたと思います」

このコメントは、平成十九(二〇〇七)年に、「美濃吉」の佐竹力総さんが出されたものでした。当時、佐竹さんは、京都府料理生活衛生同業組合理事長の要職にあり、スポークスマンとして、京都料理業界の共通認識を言葉にしました。

このコメントが出されたのは、同年秋に日本初のミシュランガイド『東京版』が出版されたことを受けてのことでした。この書籍は大ベストセラーになり、テレビ、新聞などのマスコミが大きく取り上げ、日本中がミシュランに掲載されたお店に注目しました。

当時、私たちは三つ星店、二つ星店、一つ星店という評価基準に疑問を感じました。この星の数はどのような基準で付けられたのか、まったくわからないからでした。東京の老舗料理屋の中には掲載の辞退をされたお店もあったと聞きますが、それは賢明な判断だったと思いました。

ミシュランの基準の中では、「大箱」と表現されるような四十、五十人の宴会ができる料理屋はまず排除されています。そこからして、私たちの考え方とは基本的に違いました。小さなお店しかミシュランの星は与えられないというのも不思議な基準でした。

もともと、ミシュランガイドは、ドライバーへの食べ物屋ガイドとして、「ここに行ったら、この店がお薦めですよ」というのが始まりでした。その起点から考えると、マスコミがなぜここまで話題として取り上げるのか、素朴な疑問を覚えました。

その第二弾が平成二十(二〇〇八)年秋に発売されましたが、掲載辞退の店が続出し、あまり話題にならなかったようです。そして、「平成二十一年十月十六日に、ミシュランガイド『京都・大阪版』を発刊する」という発表がされると、京都の地元新聞をはじめ各社の記者たちが事実とは異なる記事を書き立てました。なかには、ミシュランを黒船来航にたとえ、京都の料理業界がこぞって反対しているという記事もありました。この記事を読み、私たちは驚きました。

京都料理組合では、一度も議題になったことはありません。雑談の中で少し話題になったぐらいでした。それを京都料理業界がミシュランのために右往左往しているとか、老舗が結束して反対をしているという、事実に反する、まったく根も葉もない記事には呆れました。

私たちはミシュランを否定しているわけではありませんが、その星を追いかけるのではなく、これまで通りにお客様を第一に考え、お客様が満足する料理と場の雰囲気を提供したいと望んでいます。お客様に来ていただくため、喜んでいただくために料理があり、心尽しのもてなしと風情を追求したいと考えています。

当時、私は手帳に、「日本人が長い間培ってきた文化・歴史・伝統、そしてしつらい、おもてなし。それぞれのお店が育んできた魂を、お店のお得意様は一冊の本の評価で左右されるわけがない。私たちは星を獲得するために、五十年、百年、二百年と商売をしていない」と書いていました。いまもその想いは変わりません。

終章

時流に迎合せず、時代に必要とされる料理をつくる

あたりを知る

私は四十八年間、料理人の人生を歩んできました。平八茶屋の経営はいまは二十一代当主の晋吾に継承しましたが、現在もなお現役の料理人です。立命館大学を中退し、「近新」で修業をしていた二十二歳の頃には、七十歳になってもまだ料理人として生きていようとは想像すらできませんでした。

いまは、七十歳になってもなお現役でいることを嬉しく思っています。以前のように調理場に立つことは減りましたが、料理長が新しい料理をつくるたびに、必ず「あたり」はどうかを求められます。

「あたり」とは業界用語なのでしょうか、味付けという意味です。少し味見しますと、すぐに「これはこうしてほしい」などの注文を出します。

ある料理は、美味しいけれども甘みが勝ってしまい、醬油の味が陰に隠れたようになっていました。醬油と甘みがあたっている味付けがよいのです。「あたっている」とは、辛くもなければ甘くもない状態で、味付けとはその接点なのです。

お客様が美味しいと思う味付けとプロの料理人が美味しいと思う味付けはかなり違います。お客様が美味しいと思う幅はわりと広いのですが、私たちが美味しいと思う幅はとても狭く、お客様からすると違いを感じないほどの微妙な差になります。

吸い物で「ああ、しょっぱいな」とお客様に思わせたらもうお終いです。それはプロの仕事にはなりません。素人のあたりです。私たちはもっと狭いところで勝負しています。お客様が「美味しいね」と思っていたとしても、私たちからすると「少し醤油の味が強いかな」と思うわけです。私たちはプロが美味しいというあたりまでもっていかなければなりません。

その微妙な味付けに、プロの料理人としての自負があります。私はそのような厳しい世界で生きてきました。

料理長にあたりを聞かれて、それをパッと口に含んだだけで、「こうせえ、ああせえ」いろいろと指示を出します。

料理人は感性と味覚が鋭く豊かでないと一流にはなれません。感性はまだ磨くことができます。味覚は天性のものです。ある程度のあたりは出せますが、本当の味はプロの料理人でも出せない場合があります。味覚は鍛えようにも鍛えられません。味覚は天性のものだからです。

自分が信じる料理をつくる

平成二十八(二〇一六)年に、私は「現代の名工」として表彰されました。「現代の名工」とは、卓越した技能者表彰の制度です。技能者の地位と技能水準の向上を図るために、昭和四十二(一九六七)年に設けられたものでした。

平成七(一九九五)年度までは毎年約百名でしたが、平成八年からは毎年約百五十名が表彰されています。

表彰の理由は次の通りです。

「一五代目より一九代目まで一〇〇年間続いた「川魚料理」に加え、若狭街道からの食材、若狭ぐじを主体とした「若狭懐石」を考案し、世界中の食材がいつでも新鮮なまま手に入る時代にこそ氏は地産地消にこだわり、一塩のぐじの旨味、地元で取れる京野菜をたくみに使い、京料理の基本を忠実に具現化し、かつ「時代に迎合しない、しかし時代に必要とされる料理」を追求しており、技能の伝承に貢献している」

これまでの私の料理人人生を評価していただきました。

表彰理由でも触れられていましたが、「時代や流行に迎合しないけれども、時代に必要とされる店をつくり、料理をつくっていかなければならない」というのが、私の信条です。

たとえば、女性の時代だからという理由だけで、女性が好むような八寸《はっすん》(前菜)をつくることはありません。女性受けするように八寸に、小さな日傘を置き、こっぽり(下駄)を置いて、玉砂利を乗せるといった演出もしません。あるいは、若者が好むお肉やフォアグラをどんどん使う料理をつくるつもりもありません。

私は「こうしたら評価される、話題になる」という発想には、どうしても反発したくなります。迎合したくないという意固地さがあります。私は自分が信じている料理をつくるだけなのです。

私の料理の原理原則は、繰り返しになりますが、地産地消です。日本海から入ってくる若狭のぐじ、鯖を使い、そこに京野菜を使った料理が、私の料理なのです。昔から京都で使われている食材、魚介類、京都にある野菜を使った懐石料理、京料理を求めていくことです。

これからはますますボーダレスの時代になります。この十年で、海外からのお客様もずいぶんと増えました。海外のお客様が旅行代理店を通さずに、直接、平八茶屋のサイトに申し込む時代です。その数は驚くほど増えています。

お客様の流れがボーダレスになっているだけでなく、世界からもさまざまな食材が入ってきます。だからこそ、これからはあえて使わないことが大切になっていく時代です。何かを守るということは、革新の連続なのです。迎合しないという選択も革新だと思います。

しかし、どんなに時代が変わっても、私たちが忘れてならないのは、「手間をかける」ことの大切さです。この一点は、どんな時代になっても忘れてはなりません。平八茶屋四百四十年は、さまざまな変遷がありましたが、麦飯とろろ汁をお出しすることは変わりませんでした。

ただお出しするのではない、お客様に私たちの思いを「手間をかける」ことでお伝えすること、それがとても大切だと思っています。

平八の環境と遺伝子

駅伝の襷を次世代に手渡すには、後継者づくりを考える必要があります。後継者を育てるというのは、自分の子どもであれ、弟子であれ、同じことです。一人前の当主、一人前の料理人に育てるためには、言葉だけでは十分ではありません。

「場の思想」と言いますか、子どもでも弟子でも、育つ環境から感じとる姿勢が大切です。この感じとる力によって自らが育つということが重要なのです。

これからお話しすることは、あくまで私、個人の考え方です。そのことをお断りした上でお話

ししします。長男で、二十一代の晋吾が結婚するときに、息子夫婦に頼んだことがあります。それ
は、平八茶屋の敷地内で暮らしてほしいということでした。当時、京都の料亭では、後継者の息子が結婚をすると、マンションなどを購入して店の外に住む傾向がありました。

しかし、私は「それはダメだよ」と言いました。「いずれ生まれる子どもたちは、平八茶屋の敷地内で育ててほしい」と頼みました。これが唯一、私が息子夫婦にお願いしたことでした。

いまから二百年前に造られた母屋には調理場があり、その奥に息子夫婦が暮らしています。私たち夫婦はその母屋の棟続きの建物に住んでいます。

私もまた、子どもの頃は母屋で育ちました。私が小学生の頃は、朝起きると料理人がはいている高下駄の音を聞き、煮詰めの匂いを嗅ぎながら学校に向かいました。学校から帰ってくると、お店の皆がバタバタと仕事をしている姿が自然と目に入ってきました。

料理屋の当主の子どもは、土日祭日などは家族で遊びに出かけません。それは、サラリーマン家庭の場合です。小学校に通っている頃、月曜日が嫌いでした。月曜日の朝の時間や昼休みは寂しい思いをしました。

休み明けの月曜日、学校へ行くと、「昨日の日曜日、どこそこの公園に行ったんだ」「遊園地に行ったんだ」と家族で遊びに出かけた話で、友だち同士で盛り上がるものでした。私はその輪の中に入れない子どもでした。

土日祭日の料理屋は稼ぎどきで、店がひっくり返るほど忙しかったのです。こんな日、料理屋の子どもには居所がありませんでした。家業を手伝う母親は食事をつくる時間の余裕などなく、食事もままならないことがざらでした。ですから、土日祭日明けの翌日、友だちが家族で旅行をした話などをするので、学校に行くのは本当に嫌だったものです。

しかし、こうした経験は料理屋の後継者として育つためには大切なことでした。知らず知らずのうちに、私は料理屋を継ぐ者としての心構えを学んでいきました。後継者に必要なのは、まずは遺伝子です。この遺伝子を育てるためには環境が必要です。環境から学ぶことが、先ほど触れた感じとる姿勢になります。

「環境と遺伝子」、この二つがそろわなければ、後継者は育ちません。

極論をあえて言いますと、家業を継いだ私たちの年代の親で、「子どもが継がない」と言って嘆いているのは、子ども夫婦をマンション暮らしさせている方たちが多いです。家業の場所から少し離れてマンションなどに住んでいたら、土日祭日がどれほど忙しいのかを、その嫁も知ることができません。ましてや、子どもには伝わらずじまいで育ちます。意識はどうしてもサラリーマン家庭のようになりがちで、その子は家業を継がなくなる傾向があります。

口で教えられるのではなく、肌で感じ、周りを見ながら、自然と身につけることがとても大切なのです。私も、息子も、素直に継承したわけではありません。本書では触れませんでしたが、私の場合は、〝父親と意見が合わず家出をする〟という一つの大きな転機がありましたし、息子は息子で〝東京で就職活動をする〟という一つの大きな転機がありました。それでもなお、乗り越えられたのは環境に育てられたことが大きいと、いまでも信じています。

息子には、孫は平八茶屋の敷地内で育ててくれとお願いしました。いま孫は高校生で、大学はどこに進学するのかはわかりませんが、しかし卒業後は料理人の修業をし、後を継いでくれると思っています。

孫が小さい頃はいつも中央市場の買い出しに連れて行きました。中央市場の中に、石田食堂という定食屋がありました。メニューは和食から中華、洋食まであり、京都の料理人たちが通う、朝から食べられる食堂だったのです。

ここの食堂では、中華そばが有名でした。特別変わった味ではありませんし、妙に凝ったものでもありませんでしたが、しかし他のお店では真似できない旨さがありました。孫もまた中華そばを食べるのが楽しみだったようです。冬の季節はもちろんのこと、暑い夏の季節でも美味しいです。

何気ないことですが、一日の朝がどのように始まり、一週間はどのように過ぎるのか、市場で何を買うのかなど、その一つひとつが体に染み込んで、後継者としての下地がつくられていくのです。この下地は、後継者が店の敷地内で暮らすからこそ育つのです。

家業と駅伝ランナー

「家業」は次第に、日本の中で絶滅危惧種になりつつあります。決して楽な人生ではありません。寄らば大樹もなく、毎日が勝負の生活です。現在、日本人の暮らしの中で、つらく厳しい生活をしているのが家業かもしれません。

最近、ある経営者の方から、「平八茶屋は日本の家業のレジェンドだ。希望の星だ。暖簾を掲げ続けてください」と言われました。

日本各地のさまざまな街角を歩いていると、多くの商店街がシャッター通りと化しています。かつて多くの商店街に賑わいと彩りを与えていたのは、家業のお店でした。しかし、いつの間にか、店舗の建物はマンションに変わり、倉庫に変わり、人通りが途絶えた商店街が増えているのです。

どうして、このようになってしまったのだろうと思います。家業が消えていくということは、街の個性が少しずつ消えていくことです。

平八茶屋のような料理屋もまた家業です。家業でなければ何百年も続けることは難しかったのではないかと思います。

料理屋における家業とは、主人、息子が調理場に立ち、女将、若女将がお客様を接待する。この基本型を何人かの従業員が支える経営のことです。これならば、どんな時代になろうとも半永久的に店を続けられるのです。この経営の強みをいま一度、家業を営む多くの方々に再認識していただきたいと思います。

平八茶屋の当主は、経営をし、料理人として調理場に立つという二刀流が求められます。どちらも追求することが求められる精進の人生です。家業を継承して、繁栄させるには、料理人としての修業がどうしても必要になります。しかし、この修業の時期こそが、家業を継ぐ者の自覚を深めていく大切な時間だと思います。

「後継者をどうするか」は、京都の老舗料理屋だけの問題ではなくなりました。継がない後継者候補が増えていて、もはや社会問題化しつつあります。それほど深刻な状況になっているのです。私は料理屋のことしか知りませんが、後継者を育てるということは「店の中で育てる」ことだというのが、私の哲学です。

後継者には遺伝子が必要です。しかし、それだけではだめなのです。先にも触れましたが、育つ環境がなければなりません。遺伝子を持った人間がその環境にいること、これが大切なのです。

後継者をつくることで、家業は続いていきます。家業は駅伝と同じなのです。私は二十人目のランナーとして、父親まで続いた十九人のランナーたちが受け継いできた襷を受け取り、走り続けてきました。決して楽に走ってきたわけではありません。それこそ全力でフウフウ言いながら、あらゆる困難があり、それを克服して、二十一代目に襷を渡しました。私の中で、最大のミッションでした。

ランナーの役目は責任を持って己の区間を走りきることですが、この駅伝にはゴールがありません。だからこそ、尊いように思うのです。このようにして、平八茶屋四百四十年の歴史はなお続きます。現在、二十一人目のランナーが全力疾走をしています。

二十一代夫妻　　写真：稲村将人

園部平八
昭和23(1948)年京都市生まれ．立命館大学経済学部中退．440年以上続く老舗料理屋「山ばな 平八茶屋」の二十代目として，創業以来の伝承料理「麦飯とろろ汁」をはじめ，新しい試みで蘇ったぐじを主体とする「若狭懐石」など，料理の継承と変革に尽力する．
地産地消にこだわり，若狭ぐじと地元で取れる京野菜を中心に使い，京料理の素材の味を忠実に具現化．「時代に迎合しない，しかし時代に必要とされる料理」を目指す．平成28(2016)年に，厚生労働省が主催する「現代の名工」に表彰される．現在は，山ばな 平八茶屋・取締役会長，京都料理組合長(平成31年3月末まで)．

京料理人、四百四十年の手間
「山ばな 平八茶屋」の仕事

2019年1月25日 第1刷発行

著 者 園部平八《そのべへいはち》

発行者 岡本 厚

発行所 株式会社 岩波書店
〒101-8002 東京都千代田区一ツ橋2-5-5
電話案内 03-5210-4000
http://www.iwanami.co.jp/

印刷・精興社 製本・松岳社

ISBN 978-4-00-061316-3 Printed in Japan